A Fireside Book

AN INVITATION TO
SPANISH

by MARGARITA MADRIGAL

and EZEQUÍAS MADRIGAL

A Fireside Book Published by
SIMON AND SCHUSTER

ISBN 0–671–21222–2
MANUFACTURED IN THE UNITED STATES OF AMERICA
14   15   16   17   18   19   20

Una invitación
para comprender español
y para conversar en español,
lengua expresiva, romántica y musical

INVITATION

Do You Want to Speak Spanish? If so, you must learn to *think* in Spanish. The new system presented in the following pages enables you to think in Spanish from the very beginning without the use of translation. This is accomplished by the use of association which is the greatest aid to comprehension and retention of a word. You will find that you understand the text with great ease because it has been assembled so that the meaning of each word is revealed by its relation to the other words in the sentence.

To illustrate: If you see the Spanish word "flor," it probably means nothing to you. But if you read "La gardenia es una flor," you understand immediately. This presentation of words in natural order obviates the use of translation and you will soon find that you are "thinking in Spanish."

This new system for acquiring quickly a speaking knowledge of Spanish is based on the visual method of learning by association. Even the study of verb conjugations—the bugbear of most languages—is made easy by simple diagrams.

If you apply yourself and master each lesson thoroughly before going on to the next, you will be surprised to find how quickly you will associate the Spanish word with the ordinary objects surrounding your daily life.

This book is not a grammar or a text-book in the usual sense of the word, but, what its name implies, an "invitation" to speak Spanish.

Over a period of years in teaching students of all ages, this system has proved successful in giving an easy command of Spanish.

Is it possible to sit down and read a Spanish book without any previous knowledge of the language? Yes, you will understand this book if you follow the brief instructions carefully. Success to you!

MARGARITA MADRIGAL

New York, N. Y.

TABLE OF CONTENTS

INSTRUCTIONS

1. Read each lesson through carefully before looking up words in the vocabulary. Very often, when a new word appears in the text, it can be understood immediately because of:
    - (a) Illustrations
    - (b) Its similarity to the English equivalent
    - (c) Its relation to other words in the sentence.
2. Read each lesson *aloud* several times in order to train your ear and to obtain a feeling for the language.
3. Make up sentences of your own using the words presented in the text.

Key to Pronunciation

a — ah as in father, mamma, far, car
e — e   as in net, set, rest
i — ee as in keen, green, see
o — o   as in obey
u — oo as in fool, school, tool

Vowels always have the same sound in Spanish. Thus *a* is always *ah*, *u* is always *oo*, etc.

In Spanish every letter is pronounced except *h*, and *u* in the following syllables:

que — ke   as in kettle, ken, kept
qui — kee as in keen, keep, keel

2

gue — gue as in guess, guest
gui — hard *g* plus *ee* sound

c — Before *a, o, u* — hard sound as in car
    Before *e* or *i* — pronounced as *s*
       Thus, *cena* is pronounced *sena*, and *cinta*, *seenta*.

cc — x Thus, *lección* is pronounced *lexion*.

ch— as in chair, chest, cheap

g — Before *a, o, u* — hard sound as in go
    Before *e* or *i* — pronounced as *h*
       Thus, *generalmente* is pronounced *heneralmente*.

h — Always silent. Thus, *humano* is pronounced *umano*.

j — h Thus, *hoja* is pronounced *oha*, and *jarra*, *harra*.

ll — y Thus, *caballo* is pronounced *cabayo*.

ñ — ny Thus, *año* is pronounced *anyo*.

r — slightly trilled

rr — strongly trilled

y — ee Equal to Spanish *i*.

z — s Thus, *caza* is pronounced *casa*.

All other letters are pronounced as in English, with only very slight variations.

In some parts of Spain the letter *c* is pronounced like *th* when it comes before *e* or *i,* and the letter *z* is always pronounced as *th*. The vast majority of Latin Americans pronounce *c* (before *e* or *i*), *z* and *s* alike.

Accents: For rules of accent (written and spoken) see Grammar Section No. 4.

LECCION NUMERO UNO
1

PARTES DE LA PLANTA

una hoja   frutas   una pera   una flor

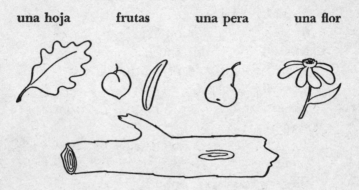

El tronco es la parte central del árbol.

CONVERSACION

¿Es la gardenia un animal?
Oh no, la gardenia no es un animal.

¿Es la gardenia una flor?
Sí, la gardenia es una flor.

¿Produce música la gardenia?
No, la gardenia no produce música. La gardenia produce perfume.

¿Produce perfume el piano?
Oh no, el piano produce música.

¿Qué es el piano?
El piano es un instrumento musical.

¿Qué es la violeta?
La violeta es una flor.

¿Es la rosa una fruta?
No, la rosa es una flor.

¿Qué es la hoja?
La hoja es una parte de la planta.

¿De qué color es la hoja?
La hoja es verde.

¿De qué color es la gardenia?
La gardenia es blanca.

¿Es la pera una fruta o una flor?
La pera es una fruta.

¿Qué producen las plantas?
Las plantas producen flores y frutas.

¿Cuál es la parte central del árbol?
El tronco es la parte central del árbol.

Note: See Grammar Section Nos. 5 and 6.

LECCION NUMERO DOS

2

SEIS PARTES DE MI CUERPO

uno	cuatro
dos	cinco
tres	seis

La cabeza es una parte de mi cuerpo.

El brazo es una parte de mi cuerpo.

La mano es una parte de mi cuerpo.

El tronco es la parte central del cuerpo.

La pierna es una parte de mi cuerpo.

El pie es una parte de mi cuerpo.

CONVERSACION

¿Es el gato una parte de su cuerpo?

¡Oh no! El gato no es una parte de mi cuerpo.

¿Qué es el gato?

El gato es un animal doméstico.

El gato

¿Es la cabeza un animal doméstico?
¡No, no! La cabeza no es un animal.

¿Qué es la cabeza?
La cabeza es una parte de mi cuerpo.

¿Qué es el brazo?
El brazo es una parte de mi cuerpo.

¿Qué es la mano?
La mano es una parte de mi cuerpo.

¿Qué es el tronco?
El tronco es la parte central del cuerpo humano.

¿Qué es una pierna?
Una pierna es una parte de mi cuerpo.

¿Es un pie una parte de su cuerpo?
Sí, un pie es una parte de mi cuerpo.

Singular: el brazo   la mano   la pierna
Plural: los brazos las manos las piernas

Note: See Grammar Section Nos. 2 and 6.

LECCION NUMERO TRES

3

PARTES DE LA CARA

La frente es una parte de la cara.

El ojo es un órgano de la cara.

La nariz es el órgano central de la cara.

La boca es un órgano de la cara.

La barba es una parte de la cara.

CONVERSACION

¿Qué es la cara?
La cara es una parte de mi cabeza.

¿Qué es una máscara?
Una máscara es una cara artificial.

¿Es el color de su cara artificial?
No, el color de mi cara no es artificial.
El color de mi cara es natural.

¿Es un ojo una flor?
No, un ojo es un órgano de mi cara.

una máscara

¿Cuál es el órgano central de la cara?
La nariz es el órgano central de la cara.

¿Qué es la boca?
La boca es un órgano de la cara.

¿Es la barba una parte de la cara?
Sí, la barba es una parte de la cara.

¿Qué es la diferencia entre la máscara y la cara?
La máscara es artificial y la cara es natural.

¿Es el color de su boca natural o artificial?
El color de mi boca es natural.

¿Es la boca una parte de la planta?
No, la boca es una parte de la cara.

LECCION NUMERO CUATRO
4

ANIMALES

el caballo   la gallina   la vaca

CONVERSACION

¿Es el gato una parte de su cuerpo?
Oh no, el gato no es una parte de mi cuerpo.

¿Qué es el gato?
El gato es un animal doméstico.

¿Es la rata un animal?
Sí, la rata es un animal.

¿Qué animal es el enemigo mortal de la rata?
El gato es el enemigo mortal de la rata.

10

¿Qué produce la gallina para mi familia?
La gallina produce huevos para mi familia.

¿Qué es la vaca?
La vaca es un animal doméstico.

¿Qué produce la vaca?
La vaca produce leche.

¿Qué es la leche?
La leche es un líquido.

¿De qué color es la leche?
La leche es blanca.

un pájaro

¿Qué es el caballo?
El caballo es un animal doméstico.

¿Es usted un animal doméstico?
No, yo soy una persona.

¿Es el elefante una persona?
No, el elefante no es una persona.

¿Qué es la diferencia entre el elefante y la rata?
La rata es pequeña (chiquita) y el elefante es muy grande.

¿Es el canario una persona?
No, el canario es un pájaro.

Note: See Grammar Section No. 3—Adjectives

LECCION NUMERO CINCO

5

LA FAMILIA

papá
padre
hombre

el nene

mamá
madre
mujer

CONVERSACION

¿Qué es una familia?
Una familia es un grupo de personas.

¿Qué personas forman el grupo de la familia?
El papá, la mamá y los hijos forman el grupo de la
familia.

¿Qué diferencia hay entre el papá y la mamá?
El papá es un hombre y la mamá es una mujer.

¿Quién es el padre de la familia?
El papá es el padre de la familia.

12

¿Quién es la madre de la familia?
La mamá es la madre de la familia.

¿Quién es la cabeza de la familia?
El papá es la cabeza de la familia.

el corazón

¿No es la madre la cabeza de la familia?
No, la madre es el corazón de la familia.

¿Qué relación hay entre el padre y la madre?
El padre es el esposo de la madre. La madre es la
esposa.

¿Es el nene *~baby~* una persona grande?
No, el nene no es grande. El nene es pequeño. La nena
es pequeña.

¿Es la clase una familia?
No, la clase no es una familia.

¿Qué personas forman el grupo de la clase?
El profesor y los estudiantes (alumnos) forman el
grupo de la clase.

Note: *Hay* has four meanings: there is, there are,
is there?, are there?

Hay [
1. there is
there are
is there
are the

13

LECCION NUMERO SEIS
6

EL RELOJ

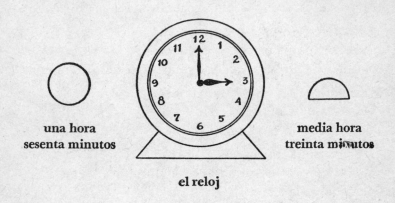

una hora
sesenta minutos

media hora
treinta minutos

el reloj

CONVERSACION

¿Es el reloj un animal?
Oh no, el reloj no es un animal.

¿Es el reloj una persona?
No, el reloj no es una persona.

tres cuartos de hora
cuarenta y cinco minutos

¿Qué es el reloj?
El reloj es un instrumento que marca las divisiones
del tiempo.

14

¿Qué divisiones del tiempo marca el reloj?
El reloj marca los minutos y las horas.

¿Cuántos minutos hay en una hora?
En una hora hay sesenta minutos.

un cuarto de hora
quince minutos

¿Cuántos minutos hay en media hora?
En media hora hay treinta minutos.

¿Cuántos minutos hay en un cuarto de hora?
En un cuarto de hora hay quince minutos.

¿Cuántos minutos hay en tres cuartos de hora?
En tres cuartos de hora hay cuarenta y cinco minutos.

¿Cuántos segundos hay en un minuto?
En un minuto hay sesenta segundos.

Sumario

El reloj es un instrumento que marca las horas y los
   minutos.
En una hora hay sesenta minutos.
En media hora hay treinta minutos.
En un cuarto de hora hay quince minutos.
En tres cuartos de hora hay cuarenta y cinco minutos.
En un minuto hay sesenta segundos.
El reloj marca doce horas.

LA NOCHE

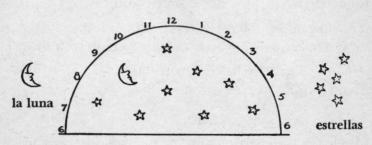

medianoche

la luna

estrellas

CONVERSACION

¿Cuántas horas hay en la noche?
En la noche hay doce horas.

¿A qué hora es la medianoche?
La medianoche es a las doce de la noche.

¿Qué ilumina la noche?
La luna ilumina la noche.

¿Qué producen las estrellas?
Las estrellas producen rayos de luz.

¿Es la luna una estrella?
No, la luna no es una estrella.

¿Cuántas estrellas hay en el cielo?
En el cielo hay millones y millones de estrellas.

¿Es la luz de las estrellas artificial?
No, la luz de las estrellas es natural.

¿Qué luz es artificial?
La luz eléctrica es artificial.

¿De qué color es el cielo?
El cielo es azul.

¿Es el cielo pequeño?
Oh no, el cielo es inmenso.
El Océano Atlántico es inmenso. El Océano Pacífico
es inmenso.

Sumario

En la noche hay doce horas.
La medianoche es a las doce de la noche.
La luna ilumina la noche.
Las estrellas producen rayos de luz.
La luz de las estrellas no es artificial.
La luz de las estrellas es natural.
La luz eléctrica es artificial.
El color de mi cara no es artificial.
El cielo es azul.
El océano es azul.
El cielo es inmenso.
El océano es inmenso.

"Buenas Noches"

8

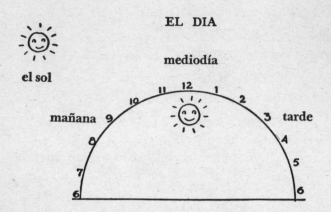

EL DIA

mediodía

el sol

mañana

tarde

CONVERSACION

¿Qué es lo contrario de la noche?
El día es lo contrario de la noche.

¿Cuántas horas hay en el día?
En el día hay doce horas.

¿A qué hora es el mediodía?
El mediodía es a las doce del día.

"Buenos días"

¿Qué estrella ilumina el día?
El sol ilumina el día.

¿Qué produce el sol?
El sol produce rayos de luz, y calor.

¿Cuál es la primera parte del día?
La mañana es la primera parte del día.

18

¿Cuál es el saludo correcto por la mañana?
El saludo correcto por la mañana es *Buenos días.*

¿Cuál es la segunda parte del día?
La tarde es la segunda parte del día.

¿Cuál es el saludo correcto por la tarde?
El saludo correcto por la tarde es *Buenas tardes.*

¿Cuál es la diferencia entre el día y la noche?
Durante el día hay luz; durante la noche está obscuro

¿En qué parte del cielo está el sol en la mañana?
El sol está en el este del cielo en la mañana.

¿Qué es el este?
El este es un punto del compás.

¿Qué es lo contrario de este?
Oeste es lo contrario de este.
En el cielo hay cuatro puntos cardinales: norte, sur,
    este y oeste. — Norte, sur, oriente y poniente.

¿En qué parte del cielo está el sol en la tarde?
El sol está en el oeste en la tarde.

¿En qué parte del cielo está el sol al mediodía?
El sol está exactamente en el centro del cielo al medio-
    día.

There are two words in Spanish that mean *is: es* and
está. Es is used to indicate permanent condition.
Example: Usted es una persona. El profesor es inteli-
gente. *Está* is used to indicate location, whether permanent or not. Example: El sol está en el cielo. La
señorita está en la clase. For full explanation of these
verbs see Grammar Section No. 8.

LECCION NUMERO NUEVE
9
(Part 1)

1. In order to make the infinitive in English we place the word *to* before the verb.
   Examples: to eat, to drink.

2. In order to make the infinitive in Spanish we simply end the verb in *r*.
   Examples: comer (to eat), beber (to drink).

3. *All* infinitives end in *r* in Spanish.

4. There are three types of infinitives in Spanish; these are verbs ending in *ar, er* and *ir*.
   Examples: conversar, comprender, recibir.

5. Verbs are divided into two parts in Spanish: the stem and the ending. The infinitive ending is *ar, er* or *ir*. The stem is what is left after taking away the infinitive ending.

   Examples:

Infinitive	Stem	Ending
comer	com	er
preparar	prepar	ar
recibir	recib	ir

6. The present tense is formed by adding the present tense endings to the stem.

20

Present tense endings for *er* verbs:

(I) yo — o		(we) nosotros	— emos
(you) usted — e		(you, pl) ustedes	— en
(he) él — e		(they, masc.) ellos — en
(she) ella — e		(they, fem.) ellas — en

Since the stem of comer is *com,* the present tense is:

tú comes

yo como	nosotros	comemos
usted come	ustedes	comen
él, ella come	ellos, ellas	comen

As *usted, él,* and *ella* always take the same verb endings, it is possible to make this simplified chart:

o	emos
e	en

Learn the chart well, so that you can write it by memory, without hesitation.

The importance of this chart cannot be overestimated as it is the key to the present tense of all regular *er* verbs. In other words, if you know this simple chart, you know the present tense of *all* regular *er* verbs.

It is very helpful to acquire the habit of writing out verbs in chart form and of thinking of them in this way, as other verbs used in this book are presented in the same manner.

Comer in chart form:

como	comemos
come	comen

7. Write out the following verbs, using the chart form:

comprender	beber	vender
(to understand)	(to drink)	(to sell)

Comprendo | Compremus bebo | bebemos vendo | vendemos
Comprende | compran bebe | beben vende | venden

8. In English, in order to ask a question, you say *Do you eat?* or *Do you drink?*. In Spanish the interrogative is formed by inverting the word order. Example: *¿Come usted?* (do you eat?), or *¿Bebe usted?* (do you drink?).

9. In Spanish there are two words that mean *you: usted,* which is the formal or polite form, and *tú,* which is the familiar or intimate form. The familiar form *tú* is used only in family circles or with intimate friends. Many people make the mistake of using the intimate form of address when traveling or in their business dealings with Latin Americans. This gives an impression of rudeness and, therefore, should be avoided.

Since it is never considered impolite to use *usted,* we are using it exclusively in this book.

You

Polite Form	Familiar Form
Singular—usted	Singular—tú
Plural—ustedes	Plural—vosotros

Note: In Lesson 9 the verbs *ver* (to see) and *oler* (to smell) are irregular. For conjugation of *ver,* see *Irregular Verbs* in the Grammar Section. For conjugation of *oler,* see *Radical Changing Verbs* in the Grammar Section.

LECCION NUMERO NUEVE

9

(Part 2)

RELACION NATURAL

Yo veo los colores con los ojos.
Usted ve los colores con los ojos.
El ve los colores con los ojos.

Yo huelo el perfume con la nariz.
Usted huele el perfume con la nariz.
El huele el perfume con la nariz.

Yo como frutas con la boca.
Usted come frutas con la boca.
Yo bebo café con la boca.
Usted bebe leche con la boca.

CONVERSACION

¿Con qué ve usted?
Yo veo con los ojos.

¿Para qué son necesarios los ojos?
Los ojos son necesarios para ver los colores y las formas.

¿Con qué instrumento ve usted las estrellas?
Yo veo las estrellas con un telescopio.

¿Qué ve usted con el microscopio?
Yo veo bacterias con el microscopio.

¿Con qué órgano huele usted el perfume de las flores?
Yo huelo el perfume de las flores con la nariz.

¿Come usted frutas con la boca?
Sí, yo como frutas con la boca.

¿Come frutas el gato?
Oh no, el gato no come frutas.

¿Qué come el gato?
El gato come ratas. El gato come carne.
El gato es un animal carnívoro.

¿Come ratas la mula?
Oh no, la mula no come ratas. La mula no es un
   animal carnívoro. La mula no come carne.

¿Cuál es la relación natural entre el café y la boca?
Yo bebo café con la boca.

¿Qué diferencia hay entre *yo bebo* y *yo como?*
Yo bebo líquidos. Yo como sólidos.

¿Bebe usted gasolina?
Oh no, yo no bebo gasolina; eso no es natural.

¿Qué líquido beben los animales?
Los animales beben agua.

¿Qué líquidos beben las personas?
Las personas beben café, té, chocolate, limonada y
   leche.

¿Bebe usted licores?
No, los licores contienen alcohol.
El alcohol es malo para la cabeza y para el estómago.

24

LECCION NUMERO DIEZ

10

(Part 1)

Present Tense

ar		er		ir	
o	amos	o	emos	o	imos
a	an	e	en	e	en

Note that the only difference between the er and the ar chart is that in every case the e in the er chart becomes a in the ar chart. Also note that the only difference between the er and ir charts is that the first person plural in the er chart is emos whereas in the ir chart it is imos.

Examples:

Preparar
stem: *prepar*

yo preparo	nosotros preparamos
usted prepara	ustedes preparan
él, ella prepara	ellos, ellas preparan

Recibir
stem: *recib*

yo recibo	nosotros recibimos
usted recibe	ustedes reciben
él, ella recibe	ellos, ellas reciben

In chart form:

Preparar

preparo	preparamos
prepara	preparan

Recibir

recibo	recibimos
recibe	reciben

Write out the following verbs, using the chart form:

entrar (to enter)	beber (to drink)	recibir (to receive)

cortar (to cut)	aprender (to learn)	escribir (to write)

corto cortamos Aprendo aprendemos escribo escribimos
corta cortan aprende aprenden escribe escriben

Note: In Lesson 10 the verb *pensar* (to think) is irregular. For explanation of its irregularity, see *Radical Changing Verbs* in the Grammar Section.

Pensar to thing

LECCION NUMERO DIEZ

10

(Part 2)

ACCION NORMAL

Pensar es la acción normal de la cabeza.
La cabeza produce ideas y pensamientos.
Yo pienso con la cabeza.

Yo tomo los objetos con las manos.

Andar es la acción normal de los pies.
Yo ando con los pies.

CONVERSACION

¿Cuál es la acción normal de la cabeza?
Pensar es la acción normal de la cabeza.

¿Qué produce la cabeza?
La cabeza produce ideas y pensamientos.

¿Con qué órgano expresa usted las ideas?
Yo expreso las ideas con la boca. Yo hablo con la boca.

27

¿Habla usted inglés?
Sí, yo hablo inglés. Yo hablo español.

¿Qué es hablar? ¿Qué es conversar?
Hablar es expresar las ideas y los pensamientos.

¿Cuál es la acción normal de las manos?
Yo tomo los objetos con las manos.
Usted toma los objetos con las manos.
El toma los objetos con las manos.

¿Cuál es la acción normal de los pies?
Andar es la acción normal de los pies.

¿Qué es caminar?
Caminar es andar. Caminar es la acción normal de los
    pies. Andar es la acción normal de los pies.

Yo ando con los pies.
Usted anda con los pies.
El anda con los pies.

Nosotros andamos con los pies.
Ustedes andan con los pies.
Ellos andan con los pies.

¿Qué acción de los pies tiene relación natural con la
    música?
Bailar es la acción de los pies que tiene relación na-
    tural con la música. Yo bailo con los pies. Usted
    baila con los pies.
Una bailarina es una mujer que baila.

¿Qué instrumento produce suficiente música para bailar?

El piano produce suficiente música para bailar.

¿Baila usted con la cabeza?

No, yo no bailo con la cabeza. Yo bailo con los pies. Yo pienso con la cabeza.

¿Qué es un pensamiento?

Un pensamiento es un grupo de ideas en orden natural.

LECCION NUMERO ONCE
11

UNA LIMONADA

el limón   el colador   la jarra

azucarera   el vaso

azúcar   cuchara   el cuchillo

CONVERSACION

¿Qué es una limonada?
Una limonada es un refresco de agua, azúcar y jugo de limón.

¿De qué color es el agua?
El agua es transparente.

¿Qué es un limón?
Un limón es una fruta ácida.

¿Qué es el jugo del limón?
El jugo es la parte líquida de la fruta.

30

¿Con qué corta usted el limón en dos partes?
Yo corto el limón en dos partes con el cuchillo.

¿De qué metal es el cuchillo?
El cuchillo es de acero.

¿Con qué separa usted el líquido de la parte sólida del limón?
Yo separo el jugo de la parte sólida con el colador.

¿En qué echa usted el agua con jugo de limón y azúcar?
Yo echo el agua, el azúcar y el jugo de limón en una jarra.

¿En qué echa usted el azúcar?
Yo echo el azúcar en la azucarera.

¿Cuál es la característica principal del azúcar?
El azúcar es dulce.

¿Es el limón dulce?
No, el limón es ácido.

¿Para qué es necesario el colador?
El colador es necesario para separar la parte sólida de la parte líquida.

¿En qué está el azúcar?
El azúcar está en la azucarera.

¿Toma usted el azúcar con la mano?
Oh no, eso no es elegante; yo tomo el azúcar con la cuchara.

¿Para qué es necesaria la cuchara? (Cucharita es el diminutivo.)
La cucharita es necesaria para tomar el azúcar.

LECCION NUMERO DOCE

12

LAS LETRAS

b c ch d e g p t v z
be ce. che de e ge pe te ve zeta (e as in let)

f l ll m n ñ r rr s x
efe ele elle eme ene eñe ere erre ese equis

a h j k i y q u w
a ache jota ka i i griega cu u doble u

VOCALES: A E I O U

CONVERSACION

¿Qué es el alfabeto?
El alfabeto es una lista completa de las letras.

¿Qué representa una letra?
Una letra representa un sonido.

¿Qué órgano de la cabeza percibe el sonido?
El oído percibe el sonido.

Oír

Yo oigo los sonidos con los oídos.
Usted oye los sonidos con los oídos.
El oye los sonidos con los oídos.
Nosotros oímos los sonidos con los oídos.
Ustedes oyen los sonidos con los oídos.
Ellos oyen los sonidos con los oídos.

¿Oye usted la música?
Sí, yo oigo la música.

¿Oye usted bien?
Sí, yo oigo muy bien.

la oreja
el oído

¿Cuál es la primera letra del alfabeto?
La A es la primera letra del alfabeto.

¿Cuál es la segunda letra del alfabeto?
La B es la segunda letra del alfabeto.

¿Cuál es la tercera letra del alfabeto?
La C es la tercera letra del alfabeto.

¿Cuál es la última letra del alfabeto?
La Z es la última letra del alfabeto.

¿Qué letra está antes de la C?
La B está antes de la C.

¿Qué letra está después de la A?
La B está después de la A.

¿Qué forma usted con las letras?
Yo formo palabras con las letras.

¿Qué forma usted con las palabras?
Yo formo frases con las palabras.

¿En qué orden están las palabras en el diccionario?
Las palabras están en orden alfabético en el diccionario.

LECCION NUMERO TRECE

13

LOS POLLITOS

los pollitos   el gallo

CONVERSACION

¿Quién es la madre de los pollitos?
La gallina es la madre de los pollitos.

¿Qué pone la gallina?
La gallina pone huevos.

¿Qué produce el huevo?
El huevo produce un pollito.

¿Qué es un pollito?
Un pollito es el bebé de la Señora Gallina.

¿Quién es el papá de los pollitos?
El gallo es el papá de los pollitos.

¿Quién es la mamá de los pollitos?
La gallina es la mamá de los pollitos.

¿Cómo dice el pollito?
El pollito dice: *Pío—pío—pío*.

¿Cómo dice la gallina?
La gallina dice: *Clo—clo*.

¿De qué color es el huevo de la gallina?
El huevo es de dos colores, blanco y amarillo.

¿Qué parte del huevo es amarilla?
La parte central del huevo es amarilla.
La parte amarilla es la yema del huevo.
La yema es la parte central del huevo.

¿Qué es la yema del huevo?
La yema es la parte central del huevo.

¿De qué color es la yema del huevo?
La yema del huevo es amarilla. (masculino, amarillo)

¿Qué es la cáscara del huevo?
La cáscara es la parte exterior del huevo.

¿En qué pone la gallina los huevos?
La gallina pone los huevos en el nido.

¿Cuántos huevos pone una gallina en un día?
La gallina pone un huevo cada día.

¿Cuántos pollitos produce cada huevo?
Cada huevo produce un pollito.

¿Quién come huevos de gallina?
Mi familia come huevos de gallina.

¿Qué personas comen huevos de gallina?
Todas las personas comen huevos de gallina.

¿Qué gallinas producen huevos?
Todas las gallinas producen huevos.

¿Qué pollitos dicen *Pío—pío—pío?*
Todos los pollitos dicen *Pío—pío—pío.*

¿Qué comen las gallinas?
Las gallinas comen maíz.

¿Qué es el maíz?
El maíz es un cereal (grano). El maíz es el cereal nativo de América.

¿De qué color es el maíz?
Hay maíz amarillo y maíz blanco.

¿Le gusta el maíz?
Sí, me gusta mucho el maíz; es delicioso.

¿Come usted maíz todos los días?
No, no como maíz todos los días.

¿Le gustan los huevos?
Sí, me gustan los huevos.

¿Le gusta el pollo frito?
Sí, me gusta el pollo frito.

¿Le gusta el arroz con pollo?
Sí, me gusta el arroz con pollo.

¿Le gusta el café?
Sí, me gusta el café.

¿Le gusta la leche?
Sí, me gusta la leche.

¿Le gustan las flores?
Sí, me gustan las flores.

¿Come usted la cáscara del huevo?
¡Oh, no! ¡Ja, ja, ja! Yo no como la cáscara del huevo.

¿De qué color es el pollito de la gallina blanca?
El pollito de la gallina blanca es amarillo.

¿De qué color son las gallinas?
Las gallinas son de colores diferentes, blancas, negras,
    coloradas, etc.

Singular

Me gusta el café.
Me gusta mucho la carne.
No me gusta el té.

Plural

Me gustan las flores.
Me gustan mucho las gardenias.
No me gustan los huevos fritos.

In English we say *I like flowers.* In Spanish you
must say *Flowers please me,* but you invert the order
of the words so that you actually say *Me please the
flowers* (Me gustan las flores). Since *flowers* is the subject of the sentence, the verb must be plural. Similarly,
when you say *I like the gardenia* (Me gusta la gardenia), you must use the singular verb because *gardenia,*
the subject, is singular.

LECCION NUMERO CATORCE
14

ALIMENTOS

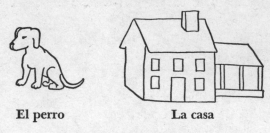

El perro   La casa

CONVERSACION

¿Qué produce la vaca?
La vaca produce leche.

¿Qué es la leche?
La leche es una bebida muy nutritiva.

¿Qué personas beben leche?
Todas las personas beben leche. El nene bebe mucha
leche. Nosotros bebemos leche. La leche es nutritiva.

¿Bebe leche la vaca?
Oh no, la vaca no bebe leche. La vaca bebe agua.

¿Cuál es un producto sólido de la leche?
El queso es un producto sólido de la leche.

¿Qué animal come queso?
La rata come queso.

¿Cuál es la diferencia entre el queso y la leche?
La leche es líquida y el queso es sólido.

¿Qué producto de la leche es semisólido?
La mantequilla es semisólida.

¿De qué color es la mantequilla?
La mantequilla es amarilla.

¿Come mantequilla la vaca?
Oh no, la vaca come alfalfa.

¿Come usted alfalfa?
No, las personas no comen alfalfa.

¿Come alfalfa el caballo?
Sí, el caballo come alfalfa.

¿Qué otros animales comen alfalfa?
El burro y la mula comen alfalfa.

¿Come alfalfa el perro?
No, el perro come carne, es carnívoro.

¿Cuál es la ocupación del perro?
El perro es el guardián de mi hogar.

¿Qué es el hogar?
El hogar es la residencia de la familia.
Un hogar es una casa para mi familia.
Mi hogar es mi residencia.

¿Qué animal doméstico se usa para transportes?
El caballo se usa para transportes. (se usa—is used)

¿Qué otro animal doméstico se usa para transportes?
La mula se usa para transportes.

¿Se usa el perro para transportes?
No, el perro es el guardián del hogar.

¿Qué come el perro? El perro come carne.

¿Comen carne las personas?
Sí, las personas comen carne.

¿De qué color es la carne?
La carne es roja.

LECCION NUMERO QUINCE
15

LA CASA

El nene duerme durante la noche.

CONVERSACION

¿Qué es un cuarto?
Un cuarto es una parte de la casa.

¿En qué cuarto come usted?
Yo como en el comedor.

¿En qué cuarto duerme usted?
Yo duermo en el dormitorio.

¿Duerme usted en una cama o en un sofá?
Yo duermo en una cama.

¿En qué cuarto recibe usted a sus amigos?
Yo recibo a mis amigos en la sala.

¿En qué cuarto está el piano?
El piano está en la sala.

¿En qué cuarto está el teléfono?
El teléfono está en el comedor.

¿En qué cuarto se baña usted?
Yo me baño en el baño.

¿Con qué se baña usted?
Yo me baño con agua y jabón.

¿Quién es la cocinera?
La cocinera es la mujer que prepara los alimentos.

¿En qué cuarto prepara los alimentos la cocinera?
La cocinera prepara los alimentos en la cocina.

¿Qué prepara la cocinera?
La cocinera prepara la carne, las papas (patatas), los
    espárragos, la ensalada, etc.

¿Puede usted preparar ensaladas sabrosas?
Sí, puedo preparar ensaladas muy sabrosas.

¿Vive usted en un hotel?
No, yo vivo en una casa, no vivo en un hotel.

¿En qué casa vive el presidente de los Estados Unidos?
El presidente de los Estados Unidos vive en la Casa
    Blanca.

¿Vive usted solo? No, vivo con mi familia.

Write out the present tense of *vivir* in chart form:

Note: For explanation of *yo me baño* see No. 9 in
Grammar Section.

LECCION NUMERO DIEZ Y SEIS
16

LAS COMIDAS

una taza de café

CONVERSACION

¿Qué significa *una vez?*

Una vez significa en una ocasión.

¿Qué significa *dos veces?*

Dos veces significa en dos ocasiones.

¿Qué significa *tres veces?*

Tres veces significa en tres ocasiones.

¿Cuántas veces come usted en un día?

Yo como tres veces en un día.

¿Cuál es la primera comida del día?

La primera comida del día es el desayuno.

¿Cuándo toma usted el desayuno?

Tomo el desayuno en la mañana.

¿Qué comida toma usted al mediodía?

Tomo el almuerzo al mediodía.

¿Es el almuerzo la comida más abundante del día?

No, el almuerzo no es la comida más abundante del día.

¿Cuál es la comida principal del día?

La comida principal del día es la cena.

¿Cuándo toma usted la cena?

Tomo la cena en la noche.
¿Es la cena la comida más importante del día?
Sí, la cena es la comida más importante del día.
¿Es la cena la comida más abundante del día?
Sí, en los Estados Unidos la comida más abundante es la cena.
En México se toma la comida más abundante al mediodía.
¿Qué significa el verbo tomar en esta situación?
En esta situación el verbo tomar significa comer o beber.
¿Qué toma usted para el desayuno?
Tomo jugo de naranjas, un huevo frito con jamón o tocino, pan tostado con mantequilla, y una taza de café.
¿Toma usted el café con crema y azúcar?
Sí, tomo el café con crema y azúcar. Unas personas toman el café solo.
¿Qué es café solo?
Café solo es café sin crema y azúcar.
¿Qué significa la palabra *sin*?
Sin es lo contrario de *con*.
¿Le gusta a usted el pan tostado?
Sí, el pan tostado es muy sabroso.
¿Qué significa sabroso?
Sabroso significa delicioso.
¿Tiene usted un tostador eléctrico en su casa?
Sí, tengo un tostador eléctrico en mi casa.
¿Cuáles son las tres comidas del día?
Las tres comidas del día son el desayuno, el almuerzo, y la cena.

EL ALMUERZO Y LA CENA

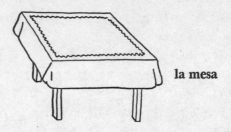

la mesa

CONVERSACION

¿Cuál es la comida del mediodía?
El almuerzo es la comida del mediodía.

¿Es el almuerzo la comida más importante del día?
No, el almuerzo no es la comida más importante del día.

¿Por qué no es el almuerzo la comida más importante?
El almuerzo no es la comida más importante porque la familia no está en casa al mediodía.

¿Dónde está el papá al mediodía?
Generalmente, el papá está en la oficina al mediodía.

¿Dónde están los niños al mediodía?
Los niños están en la escuela al mediodía.

¿Toma usted el almuerzo en su casa?
No, generalmente tomo el almuerzo en un restaurant.

¿Qué toma usted para el almuerzo?
Tomo una ensalada, carne, pan, y un vaso de leche o una taza de té.

¿Con qué corta usted la carne?
Corto la carne con un cuchillo.

¿Toma usted la carne con la mano?
Oh no, no es elegante tomar la carne con la mano; tomo la carne con el tenedor.

¿Con qué toma usted la ensalada?
Tomo la ensalada con un tenedor.

¿Toma usted el azúcar con un tenedor?
No, eso es ridículo; tomo el azúcar con la cucharita.

¿En qué se sienta usted?
Yo me siento en una silla.

¿Qué hay en la mesa?
En la mesa hay un mantel.

¿De qué color es el mantel?
Generalmente, el mantel es blanco.

¿En qué está la leche?
La leche está en un vaso.

¿En qué está la ensalada?
La ensalada está en un plato.

¿Qué toma usted para la cena?
Tomo sopa, pollo frito, puré de papas, espinacas, una ensalada de lechuga, pan con mantequilla, un postre y una taza de café.

¿Qué es el postre?
La palabra postre significa último; por consecuencia, el postre es el último alimento que se toma para la cena. Generalmente el postre es dulce.

Sentarse

Yo me siento	Nosotros nos sentamos
Usted se sienta	Ustedes se sientan
El se sienta	Ellos se sientan

Note: *Sentarse* is a radical changing verb. For explanation, see Grammar Section No. 10. Also see Reflexive Verbs, Grammar Section No. 9.

Se may be used with non-reflexive as well as with reflexive verbs. In that case, it forms the passive voice of the verb and is translated to mean *is* or *are*.

Examples: *Se habla* español en Mexico.
Spanish *is spoken* in Mexico.

Las comidas *se preparan* en la cocina.
The meals *are prepared* in the kitchen.

LECCION NUMERO DIEZ Y OCHO
18

ACCIONES DE LAS PIERNAS

yo camino   yo corro   yo salto

el ganso   el pato   el pez
los peces
el pescado   el conejo

CONVERSACION

¿Cuáles son tres acciones importantes de los pies y las piernas?

Caminar, correr y saltar son tres acciones importantes de los pies y las piernas.

¿Qué es lo contrario de rápidamente?

Despacio es lo contrario de rápidamente.

¿Camina usted despacio?
Sí, señorita, camino despacio.

¿Qué otra palabra significa rápidamente?
Aprisa significa rápidamente.

¿Corre usted aprisa?
Sí, señorita, corro aprisa.

¿Tiene usted prisa?
Sí, tengo mucha prisa.

¿Qué animal camina despacio?
La tortuga camina despacio.

¿Qué animal corre rápidamente?
El conejo corre rápidamente.

¿Salta mucho el conejo?
Sí, señorita, el conejo salta mucho.

¿Bailan los animales?
No, los animales no bailan. Los animales caminan y corren. Unos animales saltan.

¿Caminan los peces?
No, señorita, los peces no caminan porque no tienen pies. Los peces nadan en el agua.

¿Nadan las personas?
Unas personas nadan; otras no pueden nadar.

¿Por qué no pueden nadar unas personas?
Porque nadar no es una acción natural para las personas.
Es necesario aprender a nadar.

¿Qué aprenden los alumnos en la clase?
Los alumnos aprenden palabras nuevas en la clase.

¿Aprenden a nadar los patos?
No, nadar es una acción natural para los patos.

¿Nadan los gansos?
Sí, los gansos nadan también.

¿Come usted pescado?
Sí, como mucho pescado.

Note: *Pez* is a fish that is alive and swimming. *Pescado* is a caught fish. Therefore, you eat *pescado*, never *pez*.

LECCION NUMERO DIEZ Y NUEVE
19

LA CIUDAD

un libro

CONVERSACION

¿Qué es Chicago?
Chicago es una ciudad.

¿Es Londres una ciudad?
Sí, Londres es una ciudad. Londres es la capital de Inglaterra.

¿Qué es un pueblo?
Un pueblo es una ciudad pequeña.

¿Qué es Nueva York?
Nueva York es una ciudad muy grande.

¿Qué es Broadway?
Broadway es una calle importante de Nueva York.

¿Por qué es importante Broadway?
Broadway es importante porque es la calle de los teatros.

¿Cuál es la avenida de las modas?
La Quinta Avenida es la avenida de las modas.

¿Qué vehículo eléctrico se usa para el transporte de personas en la ciudad?

El tranvía es el vehículo eléctrico que se usa para el transporte de personas en la ciudad.

Nombre unos edificios importantes que hay en una ciudad.

En una ciudad hay hoteles, hospitales, museos, teatros, bibliotecas, bancos, escuelas, una estación y, generalmente, una cárcel.

¿Qué es una cárcel?

Una cárcel es una prisión.

¿Qué personas están en la cárcel?

Los prisioneros están en la cárcel.

¿Quiénes son los prisioneros?

Los prisioneros son criminales y bandidos.

¿Qué es una biblioteca?

Una biblioteca es un edificio donde hay muchos libros para el uso público.

¿Qué personas están en la escuela?

En la escuela están los estudiantes y los profesores.

¿Qué hay en la estación?

En la estación hay varios trenes.

¿Qué es un tren?

Un tren es un vehículo de transporte.

¿Prefiere usted viajar por tren, por aeroplano o por automóvil?

Prefiero viajar por tren. En mi opinión el tren es mucho más cómodo que el automóvil o el aeroplano.

¿Qué es un viajero?

Un viajero es una persona que viaja.

Preferir

prefiero	preferimos
prefiere	prefieren

Preferir is a radical changing verb. For explanation, see Grammar Section No. 10.

¿Le gusta viajar?
Sí, me gusta mucho viajar.

¿Es más grande un tren o un automóvil?
Un tren es mucho más grande que un automóvil.

¿Qué parte de la calle ocupan los automóviles?
Los autos corren en la parte central de la calle.

¿En qué parte de la calle caminan las personas?
Las personas caminan por las aceras.

¿Cuántas aceras tiene la calle?
La calle tiene dos aceras paralelas, una a la derecha
y otra a la izquierda. El corazón está en el lado
izquierdo de mi cuerpo.

¿Quién es el guardián del orden en el tráfico urbano?
El policía es el guardián del tráfico.

¿Hay mucho tráfico en Nueva York?
Sí, en Nueva York hay muchísimo tráfico.

¿Para qué es necesario el policía de tráfico?
El policía de tráfico es necesario para evitar accidentes.

¿Qué ofrece el teatro al público?
El teatro ofrece óperas, dramas, comedias, y muchas
otras diversiones para el público.

52

¿Cuál es la diversión teatral más popular?
El cinematógrafo es la diversión más popular del teatro. Cine es la abreviatura de cinematógrafo.

¿Va usted al cine con frécuencia?
Sí, voy al cine siempre que tengo la oportunidad.

¿Prefiere usted ver películas largas o rollos cortos?
Prefiero ver películas largas.

¿Usa usted películas en su cámara de fotografiar?
Sí, uso películas en mi cámara.

Ir es un verbo muy irregular.

Yo voy al teatro con mi madre.
Usted va a la ópera con frecuencia.
El va a pasar sus vacaciones en Costa Rica.
Nosotros vamos a Taxco todos los años.
Ustedes van al cine todas las semanas.
Ellos van a los conciertos de la orquesta.

Ir

voy	vamos
va	van

Note: *Me gusta* and *le gusta* are used with the infinitive of the verb.
Examples:

Me gusta caminar en el campo.
Me gusta mucho bailar en las fiestas
mexicanas.
¿Le gusta nadar en el mar?
¿Le gusta pescar?

53

LECCION NUMERO VEINTE
20

EL CIRCO

el payaso

CONVERSACION

¿Qué es un circo?

Un circo es una compañía de artistas, acróbatas, payasos, y una colección de animales educados.

¿Qué hace el acróbata en el circo?

El acróbata hace maromas en el circo; él hace pruebas difíciles.

¿Quién mira las pruebas difíciles de los acróbatas?

El público mira las pruebas difíciles de los acróbatas.

¿Qué provocan las maromas o pruebas difíciles de los acróbatas?

Las maromas o pruebas difíciles de los acróbatas provocan admiración.

¿Cómo expresa el público la admiración por los acróbatas?

El público aplaude cuando mira las pruebas difíciles de los acróbatas.

¿Con qué parte del cuerpo aplauden las personas?
Las personas aplauden con las manos.

¿Qué expresa el aplauso?
El aplauso expresa gratitud y admiración.

¿Cómo expresa el acróbata gratitud por el aplauso?
El acróbata hace un saludo con la cabeza para expresar gratitud por el aplauso del público.

¿Cuál es la ocupación de los acróbatas?
La ocupación de los acróbatas es divertir al público.

¿Cuál es la ocupación de los payasos?
Los payasos hacen maromas cómicas en el circo.

¿Se divierte usted en el circo?
Sí, me divierto mucho en el circo.

¿Qué efecto producen las maromas cómicas de los payasos?
El efecto natural es la risa: "Ja-ja-ja."

¿Quién mira las maromas cómicas de los payasos?
El público mira las maromas cómicas de los payasos.

¿Qué hace el público cuando mira las maromas cómicas?
El público se ríe cuando mira las maromas cómicas de los payasos.

¿Se ríe usted cuando mira las maromas del payaso?
Oh, sí, yo me río mucho cuando veo las maromas chistosas del payaso.

¿Qué es chistoso?
Chistoso es equivalente a cómico.

¿Cuál es el animal más grande del circo?
El elefante es el animal más grande del circo.

¿Cuál es el payaso de los animales?
El mono es muy cómico. El mono es el payaso de los animales.

¿Cuál es el mono más grande de Africa?
El gorila es el mono más grande de Africa y del mundo entero.

¿Cómo se ríe usted?
Yo me río: "Ja-ja-ja" y también: "Jo-jo-jo."

¿Cómo se ríe Anita?
Anita se ríe: "Ti-ji-ji—ti-ji-ji."

¿Cuánto vale la entrada al circo?
La entrada al circo vale cincuenta (50) centavos.

¿Cuánto vale la entrada al Jardín Zoológico del circo?
La entrada al Jardín Zoológico del circo vale diez centavos.

aplaudir	*reírse*
yo aplaudo	yo me río
usted aplaude	usted se ríe
él aplaude	él se ríe
nosotros aplaudimos	nosotros nos reímos
ustedes aplauden	ustedes se ríen
ellos aplauden	ellos se ríen

LECCION NUMERO VEINTIUNO
21

LA CARTA

la carta   un sobre

CONVERSACION

¿Quién fué Shakespeare?
Shakespeare fué un autor.

¿Qué es un autor?
Un autor es una persona que escribe libros, artículos
  o poemas.

¿Escribe usted libros?
No, no escribo libros.

¿Qué escribe usted?
Escribo cartas.

¿Qué es una carta?
Una carta es una comunicación escrita.

¿En qué escribe usted la carta?
Escribo la carta en un papel.

¿Con qué escribe usted la carta?
Escribo la carta con una pluma.

¿Qué líquido usa usted para escribir con pluma?
Uso tinta para escribir con pluma.

¿Escribe usted sus cartas personales en una máquina
de escribir?
No, generalmente no escribo las cartas personales en
máquina.

¿Quién escribe cartas en máquina?
La secretaria escribe cartas en máquina.

¿Qué clase de cartas escribe la secretaria?
La secretaria escribe cartas comerciales.

¿Escribe usted la lección con pluma?
No, generalmente escribo la lección con lápiz.

¿Por qué escribe usted la lección con lápiz?
Escribo la lección con lápiz porque es más fácil escribir con lápiz que con pluma, pero escribo las
cartas con pluma porque es más elegante.

¿Cuál es la protección externa de una carta?
El sobre es la protección externa de una carta.

¿Qué escribe usted en el sobre?
Escribo la dirección.

¿Qué pone usted en el sobre?
Pongo una estampilla en el sobre.

¿Dónde pone usted la carta?
Pongo la carta en un buzón.

¿Dónde está el buzón?
Generalmente el buzón está en la esquina.

¿Qué es una esquina?
Una esquina es el punto de unión entre dos calles.

¿Quién toma las cartas del buzón?
El cartero toma las cartas del buzón.

¿Es el cartero un hombre o una mujer?
Es un hombre.

¿Dónde lleva las cartas el cartero?
El cartero lleva las cartas al correo.

¿Qué es el correo?
El correo es el edificio donde se recibe y se distribuye
    la correspondencia. El correo es también el servicio
    público para el transporte de la correspondencia.

¿Es el cartero un empleado federal o municipal?
El cartero es un empleado federal.

LECCION NUMERO VEINTIDOS
22

LA AGRICULTURA

la manzana   el durazno   el mono   la piña

CONVERSACION

¿Qué es la agricultura?
La agricultura es la ciencia de cultivar la tierra.

¿Qué es un agricultor?
Un agricultor es un hombre que se dedica a la agricultura.

¿Qué cultiva el agricultor?
El agricultor cultiva legumbres, frutas y granos.

¿Qué es otra palabra para legumbres?
Verduras es otra palabra para legumbres.

Nombre algunas frutas que cultiva el agricultor.
El agricultor cultiva duraznos, uvas, piñas, naranjas,
manzanas, plátanos, sandías, etc.

¿Qué es otra palabra para plátano?
Banano es otra palabra para plátano.

¿Qué animal come plátanos?
El mono come plátanos.

¿Qué es la diferencia entre el limón y la naranja?
El limón es mucho más ácido que la naranja. La naranja es dulce.

¿Qué cereales cultiva el agricultor?
El agricultor cultiva avena, maíz, arroz y trigo.

¿Qué cereal cultiva el agricultor para la producción
del pan?
El agricultor cultiva trigo para la producción del pan.

¿Come usted cereales?
Sí, como pan de trigo, pan de maíz, avena con crema y
azúcar y arroz con pollo.

¿Dónde siembra las semillas el agricultor?
El agricultor siembra las semillas en la tierra fértil.

¿Qué significa sembrar?
Sembrar significa plantar.

¿Siembra usted semillas en su jardín?
Sí, siembro semillas en mi jardín. Siembro semillas de
flores y de legumbres. Mi jardín es muy bonito.

Note: *Sembrar* is a radical changing verb. For explanation, see Grammar Section No. 10.

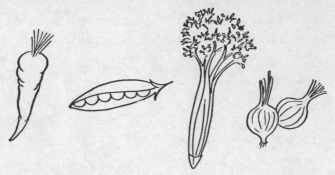

la zanahoria   los chícharos   el apio   las cebollas

Nombre algunas legumbres que cultiva el agricultor.
El agricultor cultiva tomates, rábanos, lechugas, zanahorias, chícharos, cebollas, espinacas, apio, etc.

¿De qué color son los tomates?
Los tomates son rojos.

¿Para qué se usa la lechuga?
La lechuga se usa para hacer ensaladas.

¿De qué color son los rábanos?
Los rábanos son rojos.

¿Se comen los rábanos con sal o con azúcar?
Los rábanos se comen con sal.

¿Le gustan a usted las cebollas?
Oh sí, me gustan mucho las cebollas.

¿De qué color son las zanahorias?
Las zanahorias son amarillas.

¿Qué necesitan las plantas para crecer?
Las plantas necesitan sol y agua para crecer.

¿Necesitan las personas sol y agua para crecer?
Sí, las personas necesitan sol, agua y muchas vitaminas
  y calorías para crecer.

¿Qué producen las vitaminas?
Las vitaminas producen energía.

¿Qué produce el exceso de calorías?
El exceso de calorías produce obesidad.

¿Qué es otra palabra para obeso?
Gordo es otra palabra para obeso. (Fem.—gorda)

¿Qué es lo contrario de gordo?
Delgado es lo contrario de gordo. (Fem.—delgada)

¿Es usted gordo?
No, no soy gordo; soy delgado.

	Comparativo	Superlativo
gordo	más gordo	el más gordo
delgado	más delgado	el más delgado
bello	más bello	el más bello
bella	más bella	la más bella (Fem.)

Ejemplos: Mi mamá es más gorda que mi papá.
          Mi papá es el más alto de la familia.

LECCION NUMERO VEINTITRES

23

LA ROPA

el sombrero

medias

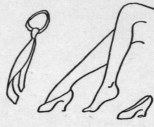

los guantes   **la camisa**   **la corbata**   **zapato**

CONVERSACION

el cuello

¿Qué se pone usted en la cabeza?
Yo me pongo el sombrero en la cabeza.

¿Para qué es necesario el sombrero?
El sombrero es necesario para protección contra
los rayos excesivos del sol.

¿Qué se pone usted en las manos?
Yo me pongo un par de guantes en las manos.

¿Qué se pone el hombre en el cuello?
El hombre se pone un cuello y una corbata en el
cuello.

¿Qué se pone usted en los pies?
Yo me pongo los zapatos y las medias en los pies.

¿Se pone medias el hombre?
No, el hombre no se pone medias. El hombre se pone calcetines.

¿Qué es la diferencia entre las medias y los calcetines?
Las medias son largas y especialmente para las mujeres. Los calcetines son cortos y son para los hombres.

¿Qué son las medias, los guantes, los pantalones, etc.?
Las medias, los guantes, y los pantalones son artículos de ropa.

¿Tienen ropa los pájaros?
No, los pájaros no tienen ropa. Los pájaros tienen plumas.

¿Para qué es necesaria la ropa en general?
La ropa es necesaria para protección y adorno del cuerpo humano.

¿Tiene ropa el gato?
No, el gato no tiene ropa. Los animales no tienen ropa. Los animales cuadrúpedos tienen pelo y los pájaros tienen plumas.

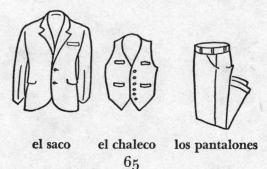

el saco   el chaleco   los pantalones

¿Cuáles son las tres piezas grandes del traje masculino?

El saco, el chaleco y los pantalones son las tres piezas grandes del traje masculino.

¿En qué consiste un traje de hombre?

El traje de hombre consiste en un saco, un chaleco y unos pantalones.

¿Se pone usted ropa interior todas las mañanas?

Sí, yo me pongo ropa interior todas las mañanas.

¿Qué se pone usted para salir a la calle en el invierno?

Me pongo un sombrero y un abrigo para salir a la calle en el invierno.

¿Son las blusas y las faldas para los hombres o para las mujeres?

Las blusas y las faldas son para las mujeres. Las camisas son para los hombres. Un hombre nunca se pone una blusa.

¿Cuándo lleva usted un impermeable?

Llevo un impermeable cuando camino en la lluvia.

¿Qué llevan los señores cuando van a un baile?

Los señores llevan traje de etiqueta cuando van a un baile.

¿De qué color son los vestidos de las señoritas?

Los vestidos de las señoritas son de muchos colores diferentes.

llevar

Yo llevo un impermeable cuando camino en la lluvia.
Usted lleva traje de etiqueta cuando va a un baile.
La señorita lleva un vestido muy bonito.
Nosotros llevamos zapatos negros.
Ustedes llevan medias de seda.
Ellos nunca llevan calcetines negros.

la falda   **el paraguas**   **el vestido**

67

LECCION NUMERO VEINTICUATRO

24

LEVANTARSE Y VESTIRSE

la bata

el peine

el cepillo

CONVERSACION

¿Qué es lo contrario de acostarse?
Levantarse es lo contrario de acostarse.

¿A qué hora se levanta usted todas las mañanas?
Me levanto a las siete todas las mañanas.

¿Qué se pone usted cuando se levanta?
Me pongo una bata de baño cuando me levanto.

¿Qué hace usted después de levantarse?
Primero, me limpio los dientes.

¿Con qué se limpia usted los dientes?
Me limpio los dientes con un cepillo y con pasta.

¿Qué hace usted después de limpiarse los dientes?
Después de limpiarme los dientes, me baño.

¿Qué hace usted después de bañarse?
Después de bañarme, me seco.

¿Con qué se seca usted?
Me seco con una toalla.

¿Qué hace usted después de secarse?
Después de secarme, me visto.

¿Se peina usted todas las mañanas?
Sí, me peino todas las mañanas.

¿Con qué se peina usted?
Me peino con un peine.

¿Qué se peina usted?
Me peino el pelo.

¿Cuántos peines tiene usted?
Tengo un peine grande en el baño y otro pequeño en
   mi bolsa.

Vestirse (irregular)

Presente

Yo me visto	nosotros nos vestimos
Usted se viste	ustedes se visten
El se viste	ellos se visten

Pretérito

Yo me vestí	nosotros nos vestimos
Usted se vistió	ustedes se vistieron
El se vistió	ellos se vistieron

LECCION NUMERO VEINTICINCO

25

EL BAÑO

toalla

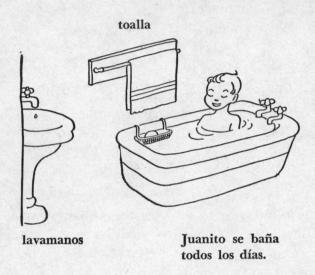

lavamanos

Juanito se baña
todos los días.

CONVERSACION

¿Cuál es el uso doméstico del agua?
El agua es necesaria para lavar en general y para el
baño personal.

¿En qué se lava usted las manos?
Yo me lavo las manos en el lavamanos.

¿Con qué se lava usted las manos y la cara?
Yo me lavo las manos y la cara con agua y jabón fino

¿Qué diferencia hay entre jabón fino y jabón ordinario?
El jabón fino tiene perfume y es especial para la cara; el jabón ordinario no tiene perfume y se usa para lavar la ropa, los platos, etc.

¿En qué se baña usted?
Yo me baño en una tina blanca de porcelana.

¿Con qué se baña usted?
Yo me baño con agua y jabón fino perfumado.

¿Con qué se seca usted?
Yo me seco con una toalla. La toalla es absorbente.

¿Qué establecimiento lava la ropa para la familia?
La lavandería lava la ropa para la familia.

¿Con qué plancha la ropa la lavandera?
La lavandera plancha la ropa con una plancha eléctrica.

IRON

¿Cuál es el jabón ordinario?
El jabón de lavandería es ordinario.

¿Qué personas se bañan?
Todas las personas se bañan.

el puerco

¿Hay día especial para el baño?

No, señorita, no hay día especial para el baño. Las personas se bañan todos los días si es posible.

¿Prefiere usted bañarse en tina o en regadera?
Prefiero bañarme en tina.

¿Se bañan los peces?
No, el agua es la residencia permanente de los peces. Ellos no necésitan los baños especiales.

¿Qué es la diferencia entre lavarse y bañarse?
Yo me baño todo el cuerpo y me lavo sólo una parte del cuerpo.

"¡Ay, qué frío!"

Unas veces el verbo lavar es reflexivo.
Ejemplos: Yo me lavo la cara.
Yo me lavo las manos.
Mamá se lava la cara.

En otros casos lavar no es reflexivo.
Ejemplos: Yo lavo las medias.
Yo lavo la ropa.
Anita lava los platos.

la regadera

¿Se baña el elefante en una tina blanca de porcelana?
Oh no, eso es imposible. El elefante es muy grande y la tina es pequeña.

¿Dónde se baña el elefante?
El elefante se baña en un río o en una laguna. Los animales se bañan en los ríos, en las lagunas o en los lagos.

72

¿Para qué es necesario el baño personal?
El baño es necesario para la limpieza del cuerpo humano.

¿Para qué es necesario lavar la ropa?
Es necesario lavar la ropa para la limpieza. Ropa limpia y cuerpo limpio son una necesidad higiénica del organismo humano.

¿Qué es lo contrario de limpio?
Sucio es lo contrario de limpio.

¿Qué animal doméstico es sucio?
El puerco es muy sucio.

¿Qué insecto casero (de la casa) es muy sucio?
La mosca es muy sucia. La pestífera mosca es muy sucia y muy desagradable. El mosquito es muy desagradable también.

Note: *Shower* is *regadera* in some countries. In others it is *ducha*.

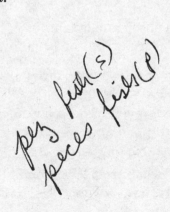

LA LAVANDERA

Ropa tendida al sol

canasta   tina para lavar ropa

CONVERSACION

¿Quién lava la ropa de la familia?
La lavandera lava la ropa de la familia.

¿En qué lava la lavandera la ropa?
La lavandera lava la ropa en una tina metálica.

¿En qué pone agua y jabón la lavandera?
La lavandera pone agua y jabón en la tina especial
para lavar la ropa.

¿Con qué lava la ropa la lavandera?
La lavandera lava la ropa de la familia con agua y
jabón.

¿Usa la lavandera agua caliente para lavar la ropa?
Sí, la lavandera usa agua caliente para lavar la ropa.

¿Para qué es necesaria la canasta?
La canasta es necesaria para recoger la ropa sucia y
para la ropa limpia. La lavandera tiene dos canastas ~basket~
especiales.

¿Cómo seca la ropa la lavandera?
La lavandera tiende (extiende) la ropa al sol y el sol
seca la ropa por evaporación natural.

¿Qué produce el sol para secar la ropa húmeda?
El sol produce calor que evapora el agua y seca la ropa.

¿Qué es lo contrario de seco?
Mojado (o húmedo) es lo contrario de seco. Mojado
significa saturado de agua.

LECCION NUMERO VEINTISIETE

27

EL DINERO

centavos

CONVERSACION

¿Cuántos centavos hay en un dólar?
En un dólar hay cien (100) centavos.

¿Cuántos centavos hay en medio dólar?
En medio dólar hay cincuenta (50) centavos.

¿Cuántos centavos hay en un cuarto de dólar?
En un cuarto de dólar hay veinticinco (25) centavos.

¿Cuánto vale un lápiz?
Generalmente un lápiz vale cinco centavos.

¿Cuánto vale una botella de tinta?
Una botella de tinta vale quince (15) centavos.

¿Cuántos centavos hay en tres cuartos de dólar?
En tres cuartos de dólar hay setenta y cinco (75) cen-
    tavos.

¿Cuánto vale un biftec pequeño?
Un biftec pequeño vale setenta y cinco centavos.

¿Es el dólar la unidad monetaria de México?
No, el dólar es la unidad monetaria de los Estados Unidos.

¿Cuál es la unidad monetaria de México?
El peso es la unidad monetaria de México.

¿Cuántos centavos hay en un peso?
En un peso hay cien centavos.

¿De qué metal es el centavo?
El centavo es de cobre.

un anillo   un broche   una pulsera
(un brazelete)

¿De qué metal es una moneda de cincuenta centavos?
Una moneda de cincuenta centavos es de plata.

¿Es una moneda de diez centavos de papel?
Oh no, una moneda de diez centavos es de plata. Las monedas son de metal.

¿Son de metal los billetes?
No, los billetes son de papel.

¿Es el oro un metal?
Sí, el oro es un metal precioso. El oro es amarillo.

¿Es el acero un metal?
Sí, el acero es un metal que se usa para la construcción de edificios.

77

¿Es el rubí un metal?
Oh no, el rubí es una piedra preciosa.
La esmeralda y el diamante son piedras preciosas.

¿Es de piedra su casa?
Sí, mi casa es de piedra, pero no de piedras preciosas.

¿Para qué se usan los diamantes?
Los diamantes se usan en las joyas. Las joyas son
    adornos de piedras preciosas y metales como la plata
    o el oro.

¿Qué personas venden joyas?
Los joyeros venden joyas.

¿Dónde venden joyas los joyeros?
Los joyeros venden joyas en la joyería.

¿Qué es un hombre rico?
Un hombre rico es un hombre que tiene mucho
    dinero.

¿Qué es un hombre pobre?
Un hombre pobre es un hombre que tiene poco di-
    nero.

¿Cuesta mucho dinero un collar de perlas?
Oh sí, un collar de perlas cuesta mucho dinero.

LECCION NUMERO VEINTIOCHO

28

COMPRAR Y VENDER

El panadero

CONVERSACION

¿Qué personas venden carne?
Los carniceros venden carne.

¿Dónde venden carne los carniceros?
Los carniceros venden carne en la carnicería.

¿Qué es lo contrario de vender?
Comprar es lo contrario de vender.

¿Dónde compra usted zapatos?
Compro zapatos en la zapatería.

¿Quién atiende a los clientes en la zapatería?
El dependiente atiende a los clientes en la zapatería.

el pañuelo

¿Cuánto paga el cliente por un buen par de zapatos?
El cliente paga $6 (seis dólares) por un buen par de
   zapatos.

¿Dónde compra usted el pan para la familia?
Compro el pan en la panadería.

¿Quién es el panadero?
El panadero es el hombre que hace el pan.

¿Qué ingredientes usa el panadero para hacer el pan?
El panadero usa sal, agua, leche, harina, levadura, etc.
   para hacer el pan.

¿Dónde compra usted medicinas?
Compro medicinas en la droguería.

¿Qué es otra palabra para droguería?
Botica es otra palabra para droguería.

¿Dónde compra usted los alimentos para la familia?
Compro los alimentos en una tienda de abarrotes.

¿Qué alimentos compra usted?
Compro café, azúcar, arroz, frijoles, tocino, jamón,
   etc.

¿Compra usted condimentos en la tienda de abarrotes?
Sí, compro condimentos en la tienda de abarrotes.

¿Cuáles son los dos condimentos principales de la mesa?

Los dos condimentos principales de la mesa son la sal y la pimienta.

¿Cuál es la característica principal de la pimienta?

La pimienta es picante.

¿Qué clase de galletas compra usted para comer con la sopa?

Compro galletas de soda para comer con la sopa.

¿Qué provisiones se compran en el mercado?

En el mercado se compran frutas, verduras, leche, cereales, azúcar y provisiones en general.

¿Dónde compra usted medias, blusas, pañuelos, etc.?

Compro medias y pañuelos en el almacén de ropa.

¿Qué es una tienda?

Una tienda es un establecimiento comercial para vender artículos al público.

¿Quién atiende a los clientes en la tienda?

El dependiente atiende a los clientes en la tienda.

¿Qué establecimiento se dedica a las transacciones monetarias?

El banco se dedica a las transacciones monetarias (de dinero).

¿Dónde compra usted cigarros, puros, pipas, tabaco, etc.?

Compro cigarros, puros, pipas y tabaco en la tabaquería (o en la droguería en los Estados Unidos).

joya	joyero	joyería
pan	panadero	panadería
carne	carnicero	carnicería
leche	lechero	lechería
zapato	zapatero	zapatería
reloj	relojero	relojería
jewel	jeweler	jewelry shop
bread	baker	bakery
meat	butcher	butcher shop
milk	milkman	milk dispensary
shoe	shoemaker	shoe shop
watch	watchmaker	watchmaker's shop

Hacer (to make or do)

Presente

yo hago	nosotros hacemos
usted hace	ustedes hacen
él hace	ellos hacen
ella hace	ellas hacen

Pretérito

yo hice	nosotros hicimos
usted hizo	ustedes hicieron
él hizo	ellos hicieron
ella hizo	ellas hicieron

LECCION NUMERO VEINTINUEVE

29

LAS ESTACIONES DEL AÑO

junio
julio
agosto

el verano

diciembre
enero
febrero

el invierno

CONVERSACION

¿Cuántas estaciones hay en un año?
En un año hay cuatro estaciones.

¿Cuáles son las estaciones del año?
Las estaciones del año son la primavera, el verano, el
otoño y el invierno.

marzo
abril
mayo

la primavera

septiembre
octubre
noviembre

el otoño

83

¿Cuántos meses hay en cada estación?
En cada estación hay tres meses.

¿Cuántos meses hay en un año?
En un año hay doce meses.

¿Cuál es la diferencia principal entre las estaciones del año?
La diferencia principal está en las temperaturas de cada estación.

¿Qué instrumento marca las temperaturas?
El termómetro marca las temperaturas.

¿Qué temperaturas son características del verano?
En el verano el termómetro Fahrenheit marca ochenta grados (80°), noventa grados (90°), cien grados (100°).

¿Qué temperaturas son características del invierno?
En el invierno el termómetro Fahrenheit marca diez grados (10°), quince grados (15°), veinte grados (20°).

¿En qué condición está el agua en el invierno?
En el invierno el agua está sólida (cristalizada).
El hielo es el agua cristalizada.

¿Hace calor cuando el termómetro marca cien grados?
Sí, cuando el termómetro marca cien grados hace mucho calor.

¿Hace calor cuando el termómetro marca diez grados?
No, cuando el termómetro marca diez grados hace frío.

¿Hace frío en el verano?
No, en el verano hace calor.

84

¿Cuáles son los meses de la primavera?
Marzo, abril y mayo son los tres meses de la primavera.

¿Qué producen las plantas en la primavera?
En la primavera las plantas producen flores, millones de flores.

¿Cuáles son los meses del verano?
Junio, julio y agosto son los tres meses del verano.

¿Qué producen las plantas en el verano?
En el verano las plantas producen cereales.

¿Cuáles son los meses del otoño?
Septiembre, octubre y noviembre son los tres meses del otoño.

¿Qué producen las plantas en el otoño?
Las plantas producen frutas en el otoño.

¿Cuáles son los meses del invierno?
Diciembre, enero y febrero son los tres meses del invierno.

¿Producen las plantas flores y frutas en el invierno?
No, en el invierno las plantas no producen ni flores ni frutas.

¿Hace frío en el invierno?
Sí, en el invierno hace mucho frío.

¿Qué significa caer?
Caer significa descender.

¿Qué es la lluvia?
La lluvia es el agua que cae del cielo.

¿En qué estación cae mucha lluvia?
Generalmente, cae mucha lluvia en la primavera.

¿Cae mucha lluvia en el invierno?
No, en el invierno cae la nieve blanca y pura.

¿Es bonita la nieve?
Oh sí, la nieve es blanca blanca y muy bonita.

¿Está lloviendo en este momento?
No, en este momento no está lloviendo.

¿Está nevando en este momento?
No, en este momento no está nevando.

LECCION NUMERO TREINTA

30

LA SEMANA

¿Cuántos días hay en una semana?

En una semana hay siete días. Uno de reposo y recrea
ción y seis de trabajo.

¿Cuántos días de clases tienen los colegios y las
escuelas?

Las escuelas tienen cinco días de clases en la semana.

¿Cuál es el día de reposo y de diversiones en la semana?

El domingo es el día especialmente dedicado a reposo,
diversiones y ceremonias religiosas. Yo voy a la
iglesia todos los domingos.

¿Trabaja usted el domingo?

No, yo no trabajo el domingo. Nadie trabaja el domingo. Ese es el día especial para descansar de las
fatigas de la semana.

¿Cuál es el primer día de trabajo de la semana?

El lunes es el primer día de trabajo de la semana.

¿Cuál es el segundo día de trabajo de la semana?

El martes es el segundo día de trabajo de la semana.

¿Cuál es el tercer día de trabajo de la semana?

El miércoles es el tercer día de trabajo de la semana.

¿Cuál es el cuarto día de trabajo de la semana?

El jueves es el cuarto día de trabajo de la semana.

¿Cuál es el quinto día de trabajo de la semana?
El viernes es el quinto día de trabajo y de clases de la
  semana. El viernes es el último día de clases en las
  escuelas. Tenemos cinco días de clases y lecciones.

¿Cuál de los días es el sábado?
El sábado es el día anterior al domingo.

¿Qué hace usted el sábado?
El sábado trabajo hasta el mediodía y después del
  almuerzo voy a hacer compras. Compro ropa, libros,
  etc. Unas veces voy al cine el sábado en la tarde o en
  la noche.

¿Estudia usted el domingo?
No, prefiero no estudiar el domingo. El domingo
  prefiero descansar del trabajo y de los estudios.

¿Sabe usted los siete días de la semana?
No, no sé los días de la semana de memoria, pero en
  esta semana los estudiaré para saberlos de memoria.
  ¡Ja, ja, ja!

Los Días de la Semana

Lunes	Primer día de trabajo.
Martes	Segundo día de trabajo y de clases.
Miércoles	Tercer día de trabajo.
Jueves	Cuarto día de trabajo.
Viernes	Quinto día de trabajo y último día de clases.
Sábado	Sexto día de trabajo.
Domingo	Día de reposo y de diversiones.

The future tense is formed by adding the following endings to the *complete* infinitive of any regular verb.

$$ar - er - ir$$

yo — é	nosotros — emos
usted — á	ustedes — án

Ejemplos:

yo viviré	usted vivirá
yo hablaré	usted hablará
yo comeré	usted comerá

LECCION NUMERO TREINTA Y UNO

31

EL CUERPO

el pelo →   ← el bigote

CONVERSACION

¿Qué parte del cuerpo une el tronco y la cabeza?
El cuello une el tronco y la cabeza.

¿Qué órgano importante está en el cuello?
La laringe está en el cuello.

¿Qué produce la laringe?
La laringe produce la voz para cantar y hablar.

¿Qué es cantar?
Cantar es producir melodía con la voz.

¿Qué animal tiene el cuello muy largo?
La jirafa tiene el cuello muy largo.

¿Qué fruta está en el cuello?
¡Ja, ja, ja! La manzana de Adán está en el cuello.

¿Quién fué Adán?
Adán fué el primer hombre.

¿Qué parte del cuerpo une el tronco y el brazo?
El hombro une el tronco y el brazo.

¿Qué órganos importantes están en el tronco?
En el tronco están los órganos de la respiración, de la
digestión y de la circulación de la sangre.

¿Cuáles son los órganos de la respiración?
Los pulmones son los órganos de la respiración.

¿Qué respira usted?
Yo respiro aire.

¿De qué color es el aire?
El aire es transparente.

¿Cuál es el órgano central de la circulación de la
sangre?
El corazón es el órgano central de la circulación de la
sangre.

¿De qué color es la sangre?
La sangre es roja.

¿Cuál es el centro de los afectos románticos del
hombre?
El corazón es el centro de los afectos románticos del
hombre y de la mujer. No es propiedad exclusiva
del hombre.

¿Cuál es la protección externa de la cabeza?
El pelo es la protección externa de la cabeza.

¿Qué personas tienen pelo largo?
Las mujeres tienen pelo largo.

¿Qué es otra palabra para pelo?
Cabello es otra palabra para pelo.

¿De qué color es el pelo?
Diferentes personas tienen pelo de diferente color.
Los colores principales son negro, rubio y rojo.

¿De qué color son los ojos de las personas de pelo
rubio?
Las personas de pelo rubio tienen ojos azules. (Hay
excepciones.)

¿De qué color son los ojos de las personas que tienen
pelo negro?
Las personas de pelo negro tienen ojos negros, pero
hay excepciones.

¿Qué personas tienen pelo en la cara?
Los hombres tienen pelo en la cara. Los hombres
tienen barbas y bigotes.

¿Con qué oye usted?
Yo oigo con los oídos. Yo oigo la música.

¿Para qué son necesarios los oídos?
Los oídos son necesarios para oír. Yo oigo los sonidos.

¿Cuál es la parte exterior del oído?
La oreja es la parte exterior del oído.

¿Qué animal doméstico tiene orejas largas?
El conejo tiene orejas largas.

¿Qué otro animal tiene orejas largas?
La mula es otro animal que tiene orejas largas.

¿Qué parte del cuerpo une el brazo y la mano?
La muñeca une el brazo y la mano. (En otra situación
la muñeca es una nena artificial.)

¿Cuántos dedos hay en una mano?
En una mano hay cinco dedos. En las dos manos hay
  diez dedos.

¿Tiene usted dedos en los pies?
Sí, en español es correcto decir que hay cinco dedos en
cada pie. En los dos pies hay diez dedos.

¿Qué parte del cuerpo une el tronco y la pierna?
La cadera une el tronco y la pierna.

¿Dónde está la cintura del cuerpo humano?
La cintura es la línea horizontal de separación entre
  la parte superior y la parte inferior del cuerpo
  humano.

¿Qué se pone Ricardo en la cintura?
Ricardo se pone un cinturón en la cintura. (cinturón
  —faja)

¿Qué parte del cuerpo une la pierna y el pie?
El tobillo une la pierna y el pie.

LECCION NUMERO TREINTA Y DOS

32

MI RUTINA DIARIA

¿A qué hora se acuesta usted todas las noches?
Yo me acuesto a las once todas las noches.

¿Para qué nos acostamos todas las noches?
Nos acostamos para dormir.

¿En qué se acuesta usted?
Yo me acuesto en una cama. Yo duermo en mi cama.

¿Duerme la vaca en una cama?
Oh no, eso es ridículo; la vaca no duerme en una cama.
Los cuadrúpedos no duermen en las camas.

¿Dónde duermen los pájaros?
Los pájaros duermen en los árboles.

¿Qué animales duermen en la casa?
El gato duerme en la casa, pero el gato duerme en el
día y en la noche canta serenatas.

¿Qué significa la expresión *Yo tengo sueño*?
Tengo sueño expresa que necesito dormir.
Usted tiene sueño—usted necesita dormir.
El tiene sueño—él necesita dormir.

Yo duermo durante la noche. Nosotros dormimos durante la noche.
Usted duerme en una cama. Ustedes duermen mucho.

Papá duerme en una cama grande. El nene duerme en una camita.

¿En qué cuarto duerme usted?
Duermo en el dormitorio.

¿Qué es lo contrario de dormirse?
Despertar es lo contrario de dormirse. Despertar es terminar el sueño.

¿A qué hora despierta usted?
Yo despierto a las ocho.

¿Qué es un reloj despertador?
Un despertador es un reloj que tiene una alarma para despertar a las personas que están durmiendo.

¿Para qué es necesario el reloj despertador?
El despertador es necesario para despertar a una hora exacta o precisa.

¿En qué condición están los ojos de una persona que duerme?
Los ojos de la persona que duerme están cerrados. Yo cierro los ojos para dormir. Usted cierra los ojos para dormir. Todas las personas cierran los ojos para dormir.

¿Qué es lo contrario de cerrar?
Abrir es lo contrario de cerrar.

¿En qué momento abre usted los ojos?
Yo abro los ojos en el momento de despertar en la mañana.

¿Duermen en la noche todos los animales?
No, hay animales que duermen en el día y salen en la noche.

¿Qué significa salen?

Salen es lo contrario de entran. Salir es lo contrario de entrar.

¿Qué es un animal nocturno?

Un animal nocturno sale en la noche y duerme en el día.

¿Cuáles son las horas de la mañana?

Las horas de la mañana son desde las seis hasta las doce.

¿Cuáles son las horas de la madrugada?

Las horas de la madrugada son desde las doce de la noche hasta la salida del sol.

¿A qué hora se levanta usted todas la mañanas?

Yo me levanto a las ocho de la mañana.

Juanito se levanta a las ocho también.

En mi casa nos levantamos a las ocho.

Horario de mi rutina

8 a.m.	Me levanto y me preparo para el desayuno.
8:20 a.m.	Tomo el desayuno: frutas, café, pan con mantequilla y huevos fritos con tocino.
9 a.m.	Entro a mi trabajo. (Trabajo—ocupación)
9–1 p.m.	Trabajo cuatro horas todas las mañanas.
1 p.m.	Voy al restaurant y tomo el almuerzo con buen apetito.
2 p.m.	Entro al trabajo otra vez y trabajo hasta las cinco.
5 p.m.	Salgo de mi trabajo. Salimos de la oficina a las cinco.

5–6 p.m.	Me preparo para la cena y para las horas de diversión.
7 p.m.	Tomo la cena con buen apetito.
8–11 p.m.	Desde las ocho hasta las once de la noche me divierto en alguna forma. Unas veces voy al cine, otras veces visito a mis amigos. Si es posible estudio español o música.

Divertirse

Yo me divierto	Nosotros nos divertimos
Usted se divierte	Ustedes se divierten
El se divierte	Ellos se divierten
Ella se divierte	Ellas se divierten

Salir

Yo salgo	Nosotros salimos
Usted sale	Ustedes salen
El sale	Ellos salen
Ella sale	Ellas salen

LECCION NUMERO TREINTA Y TRES

33

SISTEMAS DE TRANSPORTES

el barco—el buque—el vapor

CONVERSACION

¿Cuáles son las tres clases de transportes modernos?
Las tres clases de transportes modernos son transporte
   por agua, transporte por tierra y transporte por aire.

¿Qué vehículo se usa para el transporte aéreo?
El aeroplano o avión se usa para el transporte aéreo.

¿Qué vehículos se usan para el transporte por tierra?
Los vehículos principales que se usan para el transporte por tierra son el tren, el automóvil, el tranvía
   y el camión. El camión se usa para el transporte de
   cargas.

¿Consumen gasolina los camiones?
Sí, los camiones consumen mucha gasolina.

¿Hay camiones que se usan para el transporte de
   personas?
Sí, hay camiones de veinte o treinta asientos que se
   usan para el transporte de personas.

¿Dónde toma usted el camión por lo general?
Por lo general, tomo el camión en la esquina.
¿Cuántas ruedas tiene el automóvil?
El automóvil tiene cuatro ruedas.
¿Cuántas ruedas tiene la bicicleta?
La bicicleta tiene dos ruedas.

¿Qué animal tiene ruedas?
Ningún animal tiene ruedas. Ninguna persona tiene
    ruedas. Las personas tienen pies y los animales
    tienen patas.
¿Quién maneja el automóvil?
El chofer maneja el automóvil.
¿Sabe usted manejar?
Sí, señorita, yo sé manejar pero no manejo en la ciudad
    porque no me gusta el tráfico. Prefiero manejar en
    el campo.

¿Qué medio de transporte corre sobre dos rieles para-
    lelos?
El tren corre sobre dos rieles paralelos. (ferrocarril)
¿Cómo dice el tren?
El tren dice: Tuu—tuu—tuuuuu.

¿Quién es la autoridad principal del tren?
El conductor es la autoridad principal del tren.

¿Quién recoge los boletos (billetes) de los pasajeros?
El conductor recoge los boletos de los pasajeros.

¿Qué es un barco transatlántico?
Un transatlántico es un barco grande especial para
    transportes entre América y Europa o Africa. Un
    barco transatlántico navega en el Océano Atlántico.

99

¿Dónde trabaja el marinero?

El marinero trabaja en un barco.

¿Qué lleva el barco?

El barco lleva pasajeros y carga.

Los pasajeros son personas. La carga consiste en mercaderías en general: materiales de construcción, maquinaria, cereales, metales, textiles, armas, municiones y provisiones en general.

¿Qué es un puerto?

Un puerto es una ciudad en la costa por donde se exportan y se importan mercaderías y materiales en general. Exportación es lo contrario de importación.

¿Dónde está Veracruz?

Veracruz es un puerto que está en el Golfo de México.

¿Qué barcos se usan en las lagunas pequeñas?

En las lagunas pequeñas se usan lanchas de motor o botes de remo. La canoa de los indios es muy pequeña. El indio mueve su canoa con un remo.

¿Qué diferencia hay entre un lago y una laguna?

El lago es grande; la laguna es pequeña.

¿Se usan las lanchas de motor en los lagos?

Sí, las lanchas de motor se usan en los ríos, en los lagos y en las lagunas.

¿De cuántos caballos de fuerza es el motor de una lancha pequeña?

El motor de una lancha pequeña es de cincuenta caballos de fuerza, sesenta caballos de fuerza, o setenta caballos de fuerza. Depende del tamaño de la lancha.

100

[handwritten at top: AIRE — AIR / VIENTO — WIND]

¿Cuál era la fuerza motora de la navegación primitiva?
El buque primitivo era de velas; el viento era la fuerza
  motora del buque de vela. El viento es el aire en
  movimiento.

¿En qué dirección sopla el viento?
El viento no tiene dirección especial para soplar. Unas
  veces sopla de norte a sur y otras al contrario. Unas
  veces sopla de este a oeste y otras de noreste a
  suroeste.

Saber

Presente	Pretérito
yo sé	yo supe
usted sabe	usted supo
nosotros sabemos	nosotros supimos
ustedes saben	ustedes supieron

Note: For explanation of *saber*, see Grammar Section No. 7.

[handwritten: SOPLAR = TO BLOW]

[handwritten: hace VIENDO / It is windy]

[handwritten: SOPLA EL VIENTO / BLOW THE WIND / or / EL VIENTO SOPLA / The wind Blows]

LECCION NUMERO TREINTA Y CUATRO

34

ADVERBIOS DE TIEMPO

Pasado Antes del presente	Presente	Futuro Después del presente
Pasado	Presente	Futuro
hace un momento	ahora	dentro de un momento
ayer	hoy	mañana
anoche	esta noche	mañana en la noche
ayer en la tarde	esta tarde	mañana en la tarde (o por la tarde)
ayer por la mañana	esta mañana	mañana por la mañana
la semana pasada	esta semana	dentro de una semana
el mes pasado	este mes	dentro de un mes
el año pasado	este año	dentro de un año

CONVERSACION

¿Para qué son necesarios los adverbios de tiempo?
Los adverbios de tiempo son necesarios para expresar el momento de una acción.

¿Qué adverbio expresa el momento presente?
Ahora es el adverbio que expresa el momento presente. Ejemplo: Ahora estoy conversando en español con mi profesor (o profesora).

¿Qué adverbio expresa el día presente?
Hoy es el adverbio que expresa el día presente.

¿Cuál es el momento inmediato en el pasado?
Hace un momento expresa el momento inmediato en
el pasado.

¿Cuál es el significado exacto del adverbio *ahora?*
Ahora expresa el tiempo presente, o la época presente,
o el momento presente. El significado de *ahora* depende de las circunstancias.

¿Cuál es su ocupación ahora?
Ahora mi ocupación es estudiar mis lecciones y copiar
ejercicios de español.

¿Qué frase expresa la noche presente?
Esta noche es la frase que expresa la noche presente.

Note: *Hace* is the Spanish equivalent of the English
word *ago*. Examples:

Hace una hora	An hour ago
Hace una semana	A week ago
Hace un mes	A month ago
Hace un año	A year ago
Hace mucho tiempo	A long time ago

LECCION NUMERO TREINTA Y CINCO

35

PRETERITO

¿Qué es lo contrario de *antes?*
Después es lo contrario de *antes.*

¿Qué es la diferencia entre el pasado y el futuro?
El pasado está antes del presente. El futuro está después del presente.

¿Qué palabra gramatical se usa para expresar *pasado?*
Pretérito es la palabra gramatical que se usa para expresar *pasado.* El tiempo pretérito es el tiempo pasado.

¿Qué es el pretérito (pasado) de *yo hablo?*
El pretérito de *yo hablo* es *yo hablé.*

¿Qué es la diferencia entre *hablo* y *hablé?*
Hablo está en el tiempo presente. *Hablé* está en el pretérito.

¿Qué palabra representa el día presente?
Hoy es la palabra que representa el día presente.

¿Qué palabra representa el día pasado inmediato?
Ayer es la palabra que representa el día pasado inmediato.

¿Qué palabra representa la noche pasada inmediata?
Anoche significa la noche pasada.

¿Habló usted por teléfono anoche?

Sí, anoche hablé por teléfono con un amigo.

¿Bailó usted anoche?

Sí, anoche bailé la rumba y el tango. Me gusta mucho bailar el tango.

¿Recibió usted muchas cartas ayer?

Sí, ayer recibí varias cartas de mis amigos y de mi familia. Recibí una carta en español de un amigo mexicano.

¿Comprendió usted la carta?

Oh sí, comprendí la carta perfectamente. ¡Qué emocionante es comprender una carta en español! Es una gran satisfacción.

Preterite Tense

The preterite (simple past tense) is formed by adding the preterite endings to the stem of the verb.

Preterite tense endings for *ar* verbs:

yo	— é	nosotros	— amos
usted	— ó	ustedes	— aron
él	— ó	ellos	— aron
ella	— ó	ellas	— aron

Caminar

stem: *camin*

yo caminé — I walked

usted caminó — you walked

él, ella caminó — he, she walked

nosotros caminamos — we walked

ustedes caminaron — you walked

ellos, ellas caminaron — they walked

Chart for the preterite tense of *ar* verbs:

é	amos
ó	aron

The preterite of *tomar* in chart form:

tomé	tomamos
tomó	tomaron

Write out the preterite of the following verbs, using the chart form:

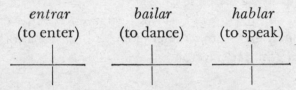

| entrar | bailar | hablar |
| (to enter) | (to dance) | (to speak) |

The preterite endings for *er* and *ir* verbs are:

yo	— í	nosotros	— imos
usted	— ió	ustedes	— ieron
él	— ió	ellos	— ieron
ella	— ió	ellas	— ieron

Comer
stem: *com*

yo comí	nosotros comimos
usted comió	ustedes comieron
él, ella comió	ellos, ellas comieron

Vivir
stem: *viv*

yo viví	nosotros vivimos
usted vivió	ustedes vivieron
él, ella vivió	ellos, ellas vivieron

106

Chart for preterite of *er* and *ir* verbs:

í	imos
ió	ieron

Write out the preterite of the following verbs, using the chart form:

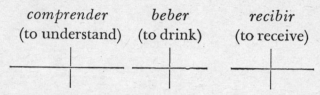

| *comprender* | *beber* | *recibir* |
| (to understand) | (to drink) | (to receive) |

List of regular verbs for practice in the preterite.

ar		*er* and *ir*	
lavar	trabajar	aprender	comprender
cortar	llevar	sorprender	correr
caminar	terminar	vender	vivir
fumar	cocinar	comer	recibir
saltar		escribir	

Composition

Now that you know how to express yourself in the past tense, you should set out on the great adventure of composing your own stories in Spanish. It is good practice to write short compositions, but it is much better to tell your stories orally. Even if you haven't any Spanish-speaking friends to hear you, it is advisable to tell your stories aloud so that you will be able to express yourself with ease in practical, every-day Spanish. At first, the going will be hard because most beginners are overwhelmed at the thought of telling a story in a new language. At this point your natural reaction will be to say "I can't"; but, if you use the model compositions given in this lesson as a guide, you will find that by continual practice you can become fluent in your expression of Spanish.

The following words are extremely useful for your first compositions:

Ir (to go)

Preterite

yo fuí (I went)
usted fué (you went)
él, ella fué (he, she went)
nosotros fuimos (we went)
ustedes fueron (you went)
ellos, ellas fueron
    (they, masc. & fem., went)

Ir

fuí	fuimos
fué	fueron

Después de (after)
Antes de (before)
Entonces (then)
El sábado pasado (last Saturday)
El domingo pasado (last Sunday)

Subject pronouns can be left out in Spanish, so that instead of saying *yo fuí,* we just say *fuí;* instead of saying *nosotros fuimos* we often say just *fuimos.*

Model Composition 1

El sábado pasado fuí a tomar la cena en la casa de unas amigas. Antes de la cena hablé con el padre de mis amigas. El es un hombre muy simpático y su conversación es interesante. Hablamos de la música y de la política. Después de media hora fuimos a tomar la cena. Tomamos un coctel de frutas, sopa, carne, espárragos, papas y un postre delicioso. Después de la cena fuimos al cine a ver una película muy chistosa.

Decir (Preterite)

yo dije (I said)
usted dijo (you said)
él, ella dijo (he, she said)

nosotros dijimos (we said)
ustedes dijeron (you said)
ellos, ellas dijeron (they said)

Model Composition 2

Esta mañana me levanté a las siete. Me bañé, me vestí, tomé el desayuno y fuí a la oficina. Entré a la oficina a las nueve cn punto y el presidente de la compañía me dijo: "Señorita, usted es muy puntual." Yo dije: "Gracias, señor. Noto que usted también llegó exactamente a las nueve." Después de unos momentos me senté y comencé a trabajar. Leí toda la correspondencia de mi jefe (my boss), hablé por teléfono con unos clientes y escribí muchas cartas en máquina. A la una salí a tomar el almuerzo.

LECCION NUMERO TREINTA Y SEIS

36

LOS MIEMBROS DE LA FAMILIA

El padre	Señor Guillermo Miranda
La madre	Señora Margarita Pacheco de Miranda
Los hijos	Pepito (José) Miranda
	Juanito (Juan) Miranda
Las hijas	María Miranda
	Isabel Miranda

CONVERSACION

¿Quién es el papá de Pepito?
El señor Miranda es el papá de Pepito.

¿Es María el hermano de Pepito?
Oh no, María es la hermana de Pepito. Juanito es el hermano de Pepito. Juanito y Pepito son hermanos. Isabel y María son hermanas.

¿Es el padre del señor Miranda el hermano de Pepito?
Oh no, el padre del señor Miranda es el abuelo de Pepito.

¿Es joven el abuelo de Pepito?
No, el abuelito de Pepito es viejo y tiene el pelo blanco como la nieve. Joven es lo contrario de viejo.

¿Quiere Pepito a su abuelito?
Sí, Pepito quiere mucho a su abuelito porque es muy

simpático. El abuelo quiere mucho a Pepito y también a sus otros tres nietos, Isabel, María y Juanito. El abuelo divierte mucho a sus nietos. El les cuenta chistes y cuentos mientras fuma su pipa.

¿Es la madre del señor Miranda el abuelo de Pepito?
Oh no, la madre del señor Miranda es la abuela de los niños.

¿Quiere Juanito a su abuelita?
Sí, todos los niños quieren a su abuelita. Ella va a la cocina y les hace pastelitos y dulces sabrosos.

¿Fuma una pipa la abuelita?
No, ella pasa el tiempo cosiendo y bordando. Ella cose muy bien.

¿Con qué cose la abuelita?
Ella cose con una aguja y con hilo de diferentes colores.

¿Sabe bordar la abuelita de Pepito?
Oh, sí, la abuelita de Pepito borda muy bien.

¿Sabe bordar usted?
No, yo no sé bordar. No tengo suficiente paciencia para bordar.

¿Quiénes son los tíos de Pepito?
Los tíos de Pepito son los hermanos de sus padres. Las tías de Pepito son las hermanas de sus padres.

¿Quiénes son los parientes de Pepito?
Los parientes de Pepito son sus tíos, sus tías, sus abuelitos, sus abuelitas, sus primos, etc.

¿Quiénes son los primos de Pepito?
Los primos de Pepito son los hijos de sus tíos y de sus tías.

Note: *Possessive*
In Spanish the possessive is not formed by adding *'s* to the noun, but by the use of *de*. Examples: La mamá de Pepito (Pepito's mamma); el sombrero de María (Mary's hat); la pipa de mi abuelo (my grandfather's pipe).

LECCION NUMERO TREINTA Y SIETE

37

LAS HORAS Y LOS MINUTOS

Es la una   Son las dos   Son las doce y   Son las once
                                     cuarto   y media

Es la una y   Faltan diez para   Faltan   Falta un cuarto
veinte   las doce   veinticinco   para las doce
                                    para las doce

CONVERSACION

¿Tiene manos el reloj?
No, el reloj no tiene manos, tiene manecillas.

¿Qué marcan las manecillas?
Las manecillas marcan las horas y los minutos.

¿Son iguales las manecillas?
No, una manecilla es larga y la otra es corta.

113

¿Qué manecilla marca las horas?
La manecilla corta marca las horas.

¿Qué manecilla marca los minutos?
La manecilla larga marca los minutos.

¿Qué hora es cuando las dos manecillas indican el
número doce?
Cuando las dos manecillas indican el número doce,
son las doce.

¿Qué hora es cuando la manecilla larga indica el
número seis y la manecilla corta indica el número
tres?
Son las tres y media.

¿Cómo se indica que son exactamente las tres?
Se dice, "Son las tres en punto."

10:	Son las diez en punto.
10:05	Son las diez y cinco.
10:10	Son las diez y diez.
10:15	Son las diez y cuarto.
10:20	Son las diez y veinte.
10:25	Son las diez y veinticinco.
10:30	Son las diez y media.
(25 to 11)	Faltan veinticinco para las once.
(20 to 11)	Faltan veinte para las once.
(15 to 11)	Falta un cuarto para las once.

el despertador

El despertador me despierta a las siete todas las
mañanas.

114

Despertar

despierto	despertamos
despierta	despiertan

Despertar is a radical changing verb. For explanation, see Grammar Section No. 10.

LECCION NUMERO TREINTA Y OCHO

38

LAS OCUPACIONES

¿Qué es el trabajo?
El trabajo es la ocupación de una persona.

¿Cuál es la ocupación de un profesor?
La ocupación de un profesor es dar lecciones (dar instrucción).

¿Qué recibe el profesor por su trabajo?
El profesor recibe un sueldo (salario) por su trabajo.

¿Qué es el sueldo en general?
El sueldo es la remuneración en dinero que uno recibe por su trabajo.

¿Quiénes reciben sueldos?
Las personas que trabajan reciben sueldos.

¿Cuál es la diferencia entre el trabajo y la ocupación?
No hay diferencia entre el trabajo y la ocupación—son iguales.

¿Cuál es la diferencia entre oficio y profesión?
Generalmente el oficio es de trabajo manual; la profesión es de trabajo intelectual especialmente.

¿Es el doctor un profesional o un trabajador manual?
El doctor es un profesional.

Nombre unas profesiones interesantes.

El dentista, el abogado y el ingeniero tienen profesiones interesantes.

¿Se considera a un carpintero como un profesional?

No, el carpintero es un obrero.

¿Qué diferencia hay entre un trabajador y un obrero?

No hay diferencia; un obrero es un trabajador.

¿Qué recibe el carpintero por su trabajo?

El carpintero recibe un sueldo por su trabajo.

¿Cuál es el trabajo del carpintero?

El trabajo del carpintero es la construcción de casas o partes de casas. También, el carpintero hace sillas, mesas, estantes para libros, etc. Las sillas, las mesas y los estantes para libros son muebles.

¿Cuál es el trabajo del arquitecto?

El arquitecto es el director técnico de las construcciones de casas y edificios.

¿Cuántos pisos tiene una residencia de familia?

En general, una residencia tiene un piso o dos pisos. Las residencias de tres pisos no son muy comunes. Un hotel es una residencia temporal. Hay hoteles de veinte pisos y de treinta pisos. Pero las casas particulares para familias generalmente tienen sólo dos o tres pisos.

¿Qué parte de la residencia construye el carpintero?

El carpintero construye las partes de madera para la casa.

¿Qué es la madera?

La madera es el material especial del carpintero. El tronco de un árbol produce madera.

¿Qué parte de la casa es de madera?
Las puertas, las ventanas y los pisos son de madera.

¿Cuál es la diferencia entre la puerta y la ventana?
La puerta es la entrada de la residencia; la ventana es una ventilación. La luz y el aire entran por la ventana.

¿Entran las personas por la ventana?
Oh no, eso es ridículo. Las personas entran por la puerta.

¿Qué es lo contrario de entrar?
Salir es lo contrario de entrar. La puerta sirve para entrar y salir.

¿De qué material es la puerta?
La puerta es de madera.

¿A qué hora entra el carpintero a su trabajo?
El carpintero entra a su trabajo a las ocho de la mañana.

¿A qué hora sale el carpintero de su trabajo?
El carpintero sale del trabajo a las cinco de la tarde.

¿Cuántos días de la semana trabaja el carpintero?
El carpintero trabaja seis días de cada semana.

¿Cuál es el día de reposo para el carpintero?
El domingo es el día de reposo para el carpintero.

¿Qué es el descanso en general?
El descanso es reposo. Descanso es sinónimo de reposo.

¿Cuál es el día de descanso para el profesor?
El domingo es el día de descanso para todos los trabajadores y profesionales.

¿Cuándo descansa usted?
Yo descanso cuando estoy cansado (fatigado).

¿Está usted cansado?
Sí, señorita, estoy muy cánsado. (femenino—cansada)

Trabajar

Yo trabajo mucho.
Usted trabaja mucho también.
El trabaja poco.

Nosotros trabajamos en la oficina.
Ustedes trabajan.
Ellos trabajan conmigo.

Salir

Salir es lo contrario de entrar.
Yo salgo de la casa a las ocho.
Usted sale a la calle siempre que tiene la oportunidad.
El sale del trabajo a las cinco.
¿A qué hora sale el tren?
El tren sale a las ocho y media.
Nosotros salimos del teatro.
Ustedes salen tarde.
Ellos no salen con la señora.

Presente			Pretérito	
salgo	salimos		salí	salimos
sale	salen		salió	salieron

119

LECCION NUMERO TREINTA Y NUEVE

39

LA RESIDENCIA

la residencia

CONVERSACION

¿Cuál es la ocupación del arquitecto?
La ocupación del arquitecto es hacer los planos para la construcción de casas, iglesias, teatros, bancos y otros edificios.

¿Quién hace los planos de las casas?
El arquitecto hace los planos de las casas.

¿Quiénes cooperan con el arquitecto en la construcción de la casa?
El carpintero, el albañil, el decorador, el pintor y el electricista cooperan con el arquitecto para la construcción de la casa.

¿Qué material usa el carpintero en la construcción de casas?

El carpintero hace las puertas, las ventanas y los pisos de madera.

¿Qué es una puerta?
Una puerta es una entrada para las personas.

¿Qué es una ventana?
Una ventana es una ventilación de la residencia.

¿Qué divisiones importantes tiene una residencia?
Los diferentes cuartos corresponden a las actividades de la familia. (1) La sala es para recibir a las visitas. (2) El dormitorio es el cuarto para dormir y descansar. (3) La biblioteca o estudio es el cuarto para leer libros y periódicos y también para estudiar. (4) El comedor es el cuarto para comer y tener banquetes. (5) El baño es para lavarse y bañarse.

¿Qué es una pared?
Una pared es la partición entre dos secciones de la casa y la protección externa de la casa.

¿Quién construye las paredes de la casa?
El albañil construye las paredes de la casa con cemento y ladrillos. Los ladrillos son rojos.

¿Cuál es la protección superior de una casa?
El techo es la protección superior de una casa.

¿En qué cuarto come la familia?
La familia come en el comedor. El comedor es el cuarto especial para las comidas y banquetes de la familia y de las visitas.

la pintura la brocha

¿Cuál es la ocupación especial del pintor?
El pintor pinta las paredes con colores elegantes. El verbo pintar expresa "poner color artificial."

¿Con qué pinta el pintor las paredes de la casa?
El pintor pinta las paredes con una brocha y con pintura.

¿De qué color es la pintura?
Las pinturas son de muchos colores diferentes. Hay colores serios y colores escandalosos.

¿Cuál es su color favorito para su residencia?
No tengo color favorito. Mi casa es de color crema en general. Mi dormitorio es de color azul claro. La opinión de mi mamá es que mi dormitorio es el cuarto más elegante de mi casa.

¿Se pintan todas las paredes de las casas?
Depende; unas veces se usa el papel de tapizar para las paredes interiores. Hay papel de colores agradables.

¿Qué trabajador pone la instalación eléctrica en la residencia?
El electricista pone la instalación eléctrica en la residencia.

¿Hay luz eléctrica en la sala?
Sí, en la sala hay varias lámparas.

¿Qué muebles hay en la sala?
En la sala hay un sofá, varias sillas, dos sillones, mesas pequeñas, estantes para libros, etc.

¿Hay cortinas en las ventanas de su casa?
Sí, naturalmente, nosotros tenemos cortinas en todas las ventanas de la casa.

¿Para qué sirven las alfombras y los tapetes?
Las alfombras y los tapetes sirven para la protección del piso.

¿Qué es la diferencia entre una alfombra y un tapete?
La alfombra es grande y el tapete es pequeño. Un tapete es una alfombra pequeña.

¿Tiene usted un radio en su casa?
Sí, tengo un radio muy bueno.

¿Qué oye usted por radio?
Oigo programas muy interesantes. Oigo programas de música clásica, música popular, discursos políticos, conferencias científicas, dramas, comedias, chistes, etc.

¿Le gusta oír las noticias por radio?
Sí, me gusta mucho oír las últimas noticias del día porque me gusta saber lo que pasa en el mundo.

¿Prefiere usted los programas de onda corta o de onda larga?
Prefiero oír los programas de onda larga porque son más claros, pero también es interesante oír los programas de onda corta de muchos países diferentes.

LA COCINA

la sartén   la olla   la estufa

CONVERSACION

¿Qué produce la electricidad en la estufa eléctrica?
La electricidad produce mucho calor en la estufa eléctrica.

¿Para qué es necesario el calor en la estufa?
El calor de la estufa de cocina es necesario para cocinar los alimentos de la familia.

¿Quién cocina los alimentos para la nutrición de la familia?
La mamá o la cocinera cocina los alimentos para la nutrición de la familia.

¿Con qué cocina los alimentos la cocinera?
La cocinera cocina los alimentos con el calor de la estufa.

¿Qué efecto sanitario produce el calor excesivo?
El calor excesivo desinfecta. El calor excesivo es un desinfectante excelente.

¿En qué se hierve el agua?
El agua se hierve en una caldera o en una olla.

¿Para qué se usa el agua hirviendo?
El agua hirviendo se usa para hacer café, para hacer té y para cocinar los alimentos en general.

¿Cuál es el uso general de una olla?
En general la olla se usa para cocinar los alimentos.

¿En qué prepara la cocinera los espárragos?
La cocinera prepara los espárragos en una olla.

¿Cuál es la diferencia entre la olla y la sartén?
En la olla se cocinan los alimentos con agua; en la sartén se fríen los alimentos con manteca o con mantequilla. El aceite de oliva también es bueno para freír los alimentos.

¿Qué es la diferencia entre la mantequilla y la manteca?
La mantequilla es amarilla y se usa para comer con las comidas, en el pan o en otros alimentos. La manteca es blanca y se usa sólo en la cocina.

¿Cuál es el proceso ordinario para freír dos huevos?
1. Yo pongo la sartén sobre la estufa caliente.
2. Yo echo manteca o mantequilla en la sartén.
3. Yo quiebro un huevo y lo echo en un platito para examinarlo.
4. Yo echo el huevo en la grasa caliente. (No es necesario repetir "yo".)

5. Quiebro el otro huevo y lo echo en la grasa muy caliente.
6. En cuatro minutos los huevos están fritos.
7. Yo frío los huevos en una sartén caliente con manteca o con mantequilla.

¿Qué alimento frito es muy sabroso?
El pollo frito es muy sabroso. El pescado frito es sabroso.

¿Le gustan las papas fritas?
Oh sí, me gustan mucho las papas fritas.

¿Cuáles son los dos condimentos ordinarios para cocinar?
La sal y la pimienta son los dos condimentos ordinarios para cocinar.

¿Qué planta produce sal?
¡Ja, ja, ja! Las plantas no producen sal. La sal es un mineral. El mar produce sal. El agua del mar es salada.

¿De qué color es la sal?
La sal es blanca, del color y de la forma del azúcar. La confusión entre la sal y el azúcar no es difícil.

¿En qué hace mamá el café?
Mamá hace el café en la cafetera.

¿En qué hace la cocinera el té?
La cocinera hace el té en la tetera. El té se hace con agua hirviendo.

¿A qué horas son las comidas en su casa?
A las ocho de la mañana se sirve el desayuno.
A la una tomamos el almuerzo.

A las siete de la noche tomamos la cena.
Entre las cuatro y las cinco de la tarde, tomamos un
refresco o una taza de té con galletas o pastelitos.

Freír

Yo frío huevos en la sartén.
Usted fríe pescado en la sartén con manteca.
El fríe pollo en una sartén.
La cocinera fríe huevos en la sartén caliente.
Mamá fríe el pollo, la carne y el pescado en la sartén.

Lista de alimentos

Huevos fritos	Chuletas de puerco
Papas fritas	Chuletas de carnero
Pescado frito	Biftec a la parrilla
Puré de papas	Pollo a la parrilla
(mashed potatoes)	Pato al horno

Freír		Hervir	
frío	freímos	hiervo	hervimos
fríe	fríen	hierve	hierven

Quebrar, freír and *hervir* are radical changing
verbs. For explanation, see Grammar Section No. 10.

LECCION NUMERO CUARENTA Y UNO

41

EL HOSPITAL

¿Qué es un doctor?
Un doctor es un hombre que se dedica a la medicina.

¿Quiénes son los pacientes del doctor?
Los enfermos son los pacientes del doctor.

¿Cuál es la ocupación del doctor?
El doctor cura a sus pacientes.

¿Cómo cura el doctor a sus pacientes?
El doctor examina al paciente, determina su enfermedad y le da una receta.

¿Qué hace el paciente con la receta?
El paciente lleva la receta a la botica. En la botica venden botellas de medicina, píldoras, inyecciones, vendas, etc.

¿Se curan todas las enfermedades con medicina?
No, todas las enfermedades no se curan con medicina.

¿Cómo se curan los pacientes que tienen apendicitis?
Los pacientes que tienen apendicitis se curan con una operación.

¿Necesita usted una operación?
No, no necesito una operación.

¿En qué edificio opera el doctor?
El doctor opera en el hospital.

¿Qué señoritas atienden a los enfermos?
Las enfermeras atienden a los enfermos.

¿Quién toma la temperatura de los enfermos?
La enfermera toma la temperatura de los enfermos.

¿Con qué toma la enfermera la temperatura de los enfermos?
La enfermera toma la temperatura de los enfermos con un termómetro.

¿Qué es un termómetro?
Un termómetro es un instrumento que indica la temperatura.

¿Cuál es la temperatura normal de las personas?
La temperatura normal de las personas es de 98.6 grados.

¿Cuándo tiene fiebre una persona?
Una persona tiene fiebre cuando tiene más de 98.6 grados de temperatura.

¿Qué es otra palabra para fiebre?
Calentura es otra palabra para fiebre.

¿Tiene usted calentura?
No, no tengo calentura.

¿Qué medicina cura las calenturas tropicales?
La quinina cura las calenturas tropicales.

¿Qué enfermedad común afecta la nariz?
El catarro afecta la nariz.

¿Tiene usted catarro?
No, no tengo catarro.

¿Qué medicina toman muchas personas para curar el
catarro?
Muchas personas toman aspirina para curar el catarro.

¿Qué es otra palabra para catarro?
Resfriado es otra palabra para catarro.

Nombres de Enfermedades

Resfriado	Influenza
Catarro	Reumatismo
Pulmonía	Apendicitis

¿Está usted enfermo? (fem.—enferma)
No, señorita, no estoy enfermo. Mi salud es excelente.

¿Cómo está usted?
Muy bien, gracias.

¿Tiene usted un resfriado?
No, señorita, no tengo un resfriado.

¿Qué significa resfriado?
Resfriado significa catarro.

¿Qué parte del cuerpo afecta el catarro?
El catarro afecta la nariz.

¿Qué enfermedad ataca el intelecto?
La locura es un desorden del órgano principal del in-
telecto.
Un loco es un hombre que tiene la cabeza enferma.

Una Visita del Doctor

Doctor—Buenos días, señora. ¿Cómo está usted?

La Señora—Muy bien, gracias, pero mi esposo está muy enfermo.

Doctor—¿Qué tiene su esposo? ¿Qué le pasa?

La Señora—Tiene dolor de cabeza, náusea, calentura, no tiene apetito y está muy nervioso. Es necesario hacer un diagnóstico completo.

Doctor—Sí, señora, necesito hacer un diagnóstico para recetar correctamente. (El doctor examina al paciente con mucha exactitud.) Este enfermo tiene un caso típico de tifoidea. Es necesario llevarlo al hospital inmediatamente para una consulta de médicos y un tratamiento adecuado. Pero no hay motivo de alarma. Yo observo el caso con optimismo decidido.

La Señora—¿Es posible curar a mi esposo?

Doctor—Sí, sí, señora, este caso es serio, pero con atención inmediata y correcta, se cura perfectamente. No se alarme usted. Tome esta receta para que en la farmacia preparen esta medicina provisional. Voy a telefonear al hospital para que manden la ambulancia. . . . Señora, dicen que la ambulancia viene a las tres de la tarde. Yo estaré en el hospital con dos médicos de consulta y dos enfermeras.

La Señora—Aquí está la medicina. ¡Qué servicio tan rápido de la Farmacia Oriental! (El doctor da la medicina al enfermo y repite palabras de optimismo.)

Doctor—Bueno, señora. A las tres estaré en el hospital.
Voy a preparar todo. Hasta las tres. Es necesario que
usted acompañe al paciente a la hora del examen.

llevar (regular)

Presente			Pretérito	
llevo	llevamos		llevé	llevamos
lleva	llevan		llevó	llevaron

LECCION NUMERO CUARENTA Y DOS

42

LA GUERRA

¿Qué es una guerra?

Una guerra es un conflicto entre dos o más naciones.

¿Qué es otra palabra para nación?

País es otra palabra para nación. País significa nación.

¿Estuvieron en guerra Inglaterra y Alemania en 1941 (mil novecientos cuarenta y uno)?

Sí, Inglaterra y Alemania estuvieron en guerra en mil novecientos cuarenta y uno.

¿Cuáles son las tres divisiones importantes de las fuerzas de combate en la guerra moderna?

Las tres divisiones importantes de las fuerzas de combate en la guerra moderna son la fuerza militar, la fuerza naval y el cuerpo aéreo.

En la fuerza militar hay soldados; en la fuerza naval hay marineros y en la fuerza aérea hay aviadores, mecánicos, navegadores, etc.

Nombre algunos rangos militares.

Unos rangos militares son: (1) General (2) Coronel (3) Teniente Coronel (4) Capitán (5) Teniente (6) Subteniente (7) Sargento (8) Cabo, y (9) Soldado raso. Pero el soldado raso no tiene rango militar.

¿Qué es el ejército?

El ejército es toda la organización militar del país. El ejército está compuesto de todos los oficiales militares y los soldados de la nación.

¿Cuáles son las tres divisiones del ejército?

La infantería, la caballería y la artillería son las tres divisiones del ejército.

¿Cuál es el substituto moderno de la caballería?

El servicio de motocicletas, de autos blindados, y de tanques substituye a la caballería. La caballería es anticuada, porque no es tan rápida como las motocicletas, los autos y los tanques.

¿Qué es la diferencia entre la caballería y la infantería?

La infantería marcha a pie; la caballería avanza a caballo.

¿Qué es la diferencia entre la infantería y la artillería?

La artillería usa armas grandes o cañones; la infantería usa armas pequeñas.

¿Para qué se necesita la organización militar?

La organización militar se necesita para la defensa efectiva de la patria.

¿Qué es un patriota?

Un patriota es un hombre que defiende la patria con heroísmo.

Defender

defiendo	defendemos
defiende	defienden

Defender is a radical changing verb. For explanation, see Grammar Section No. 10.

¿Qué es un bombardero?
Un bombardero es un aeroplano grande que se usa
  para bombardear.

¿Qué proyectiles usan los bombarderos?
Los bombarderos usan bombas.

¿Qué armas usan los soldados?
Los soldados usan muchas armas diferentes. Tres
  armas importantes que usan los soldados son el
  cañon, la ametralladora y el rifle.

¿Para qué sirven la pistola y el rifle?
La pistola, el rifle, y los cañones sirven para disparar
  proyectiles.

¿Qué armas lleva el tanque?
Generalmente, el tanque lleva cañones y ametralla-
  doras.

¿Qué proyectiles usan los submarinos?
Los submarinos usan torpedos.

¿Con qué propósito navegan los submarinos en el mar
  durante la guerra?
Los submarinos navegan en el mar con el propósito
  de hundir barcos enemigos.

¿Porqué es necesario un apaga-luz en tiempo de guerra?

Un apaga-luz es necesario porque las luces guían a los bombarderos enemigos. Las personas que viven en una ciudad que está en peligro apagan todas las luces que son visibles del cielo.

Hundir es un verbo regular.

Presente		
hundo	hundimos
hunde	hunden

Pretérito		
hundí	hundimos
hundió	hundieron

Estar, tener and *andar* are irregular verbs which are used frequently in Spanish. Since the endings of the preterite tense of these verbs are identical, we have called them *Los Tres Hermanitos.* It must be remembered that these verbs are similar only in the preterite tense.

Los Tres Hermanitos

Pretèrito

HAVE

Estar		
estuve	estuvimos
estuvo	estuvieron

Tener		
tuve	tuvimos
tuvo	tuvieron

Tobe.

andar   to WALK

anduve	anduvimos
anduvo	anduvieron

136

¿Dónde estuvo usted ayer?
Ayer estuve en casa todo el día.

¿Estuvo usted contento anoche?
Sí, anoche estuve muy contento porque tuvimos una
fiesta en casa.

¡Por qué no estuvo usted en la clase ayer?
No estuve en la clase porque tuve dolor de cabeza.

¿Dónde estuvo el ejército?
El ejército estuvo en el campo de batalla.

LECCION NUMERO CUARENTA Y TRES

43

EL COMERCIO AL POR MAYOR Y MENOR

una lata de   un paquete   una botella
tomates   de leche

CONVERSACION

¿En qué se ocupa el comerciante en general?
El comerciante en general se ocupa en vender artículos o mercaderías.

¿Quién es el comerciante "al por mayor"?
El comerciante que vende "al por mayor" es el que
vende en cantidades grandes. El vende una gruesa,
un mil, una tonelada, cien toneladas, etc.

¿Cuánto es una tonelada?
Una tonelada es igual a dos mil libras (2000 lbs.).

¿Cuántas onzas tiene la libra? (Abreviación—lb. o lbs.)
Una libra tiene dieciséis onzas. (Abrevación—oz.)

¿Cuántas unidades hay en la docena?
En la docena hay doce unidades. Media docena tiene
seis unidades.

¿Cuántas docenas hay en una gruesa?

Hay doce docenas en una gruesa. La gruesa es igual a 144 unidades.

¿Cómo se vende el azúcar, por yardas, por libras, por docenas o por unidades?

Al por mayor el azúcar se vende por toneladas. Al por menor el azúcar se vende por libras.

¿Qué significa "al por menor"?

"Al por menor" significa en cantidades pequeñas o "al menudeo." El comerciante al menudeo vende un artículo a cada persona. Vende cinco libras de azúcar. Vende una gallina. Dos docenas de huevos. Vende un sombrero o una corbata. No vende una gruesa de corbatas. No vende cien toneladas de azúcar.

¿A quién le vende el comerciante al menudeo?

El comerciante al menudeo le vende directamente al público, es decir, que le vende al consumidor.

¿Cómo se llama el establecimiento comercial al menudeo?

El establecimiento comercial para el público se llama "Tienda".

El establecimiento de ventas grandes se llama "Almacén." En cada país de América hay nombres diferentes para los establecimientos comerciales. Además cada establecimiento tiene su nombre para la publicidad y su dirección en la ciudad.

¿Qué son los artículos de lujo en el comercio?

Los artículos de lujo son los que no son indispensable

para la existencia de las personas. Los de primera necesidad son los artículos indispensables para la existencia de la humanidad.

Lista parcial de artículos de primera necesidad:

cereales	mantequilla	medicinas	carne
azúcar	queso	condimentos	huevos
frutas	verduras	utensilios	gallinas
leche	pescado	vestidos	combustibles
pan	sal	jabón	muebles

Lista parcial de artículos de lujo:

perfumes	estatuas
cristalería fina	pinturas clásicas
joyas preciosas	cosméticos
orquídeas	animales raros
canarios	licores
juguetes	adornos extravagantes

¿De quién es el capital de un establecimiento comercial?

El capital es del propietario del establecimiento o de una compañía comercial.

¿Quién es el dependiente en el comercio?

El dependiente es el empleado que vende directamente al comprador.

¿Para qué sirve el papel de envolver en el comercio?

El mismo nombre dice el servicio principal del papel, para protección externa de la mercadería. Pero sirve también para indicar que los artículos son legalmente comprados en la tienda; sirve para llevar un anuncio impreso que recuerda al público el nombre del comerciante, es excelente propaganda comercial. Por último el papel sirve para evitar exhibiciones inconvenientes de la mercadería de uso personal o doméstico.

¿En qué forma se envuelve la mercadería?

El dependiente forma un paquete elegante de la mercancía y lo amarra con una cuerda o mecate. También se vende la mercadería en cajas de madera, de cartón o de metal. Botellas de cristal muy elegantes se usan para perfumes y para substancias medicinales. La mayonesa se vende en frascos.

¿Qué sistema es necesario para el transporte o la distribución de la mercadería de casa en casa de las familias?

Los comerciantes tienen camiones, automóviles, motocicletas y bicicletas para empleados especiales que distribuyen los paquetes de casa en casa.

¿Qué es una propina para el ciclista distribuidor?

¡Ja! ja! ja! Una propina es una pequeña gratificación extraordinaria que le damos al ciclista que trae los paquetes a la casa. No es indispensable pagar propinas; pero las personas generosas prefieren obsequiar una moneda al empleado distribuidor.

¿Cuál es el sueldo o salario del comerciante?

El comerciante no tiene sueldo fijo sino que recibe una ganancia o porcentaje mayor o menor según

las condiciones y las circunstancias del comercio.
La ganancia es la diferencia entre el precio de costo
y el precio de venta.

Envolver

envuelvo	envolvemos
envuelve	envuelven

Envolver is a radical changing verb. For explanation, see Grammar Section No. 10.

LECCION NUMERO CUARENTA Y CUATRO

44

LA TRANSACCION COMERCIAL

¿Para qué es necesario el dinero?
El dinero es necesario para comprar mercaderías en general. El dinero es necesario para transacciones comerciales.

¿Qué es una transacción comercial?
Una transacción comercial es el cambio de un valor por otro valor equivalente. Una persona recibe un artículo y la otra persona recibe el dinero equivalente.

¿Cuántas personas son necesarias para una transacción comercial?
Dos personas son necesarias para una transacción comercial.

¿Qué persona recibe el dinero en una transacción comercial?
El comerciante recibe el dinero.

¿Quién recibe el artículo de mercadería en una transacción?
El comprador (o cliente) recibe el artículo de mercadería.

¿Cuál es la ocupación del comerciante?
El comerciante vende artículos o mercaderías al público. El público compra los artículos or mercaderías.

¿Qué recibe usted en una transacción comercial?
Yo recibo un paquete de artículos (o de mercadería) en una transacción comercial.

¿Recibe usted dinero en una transacción comercial?
No, yo no recibo dinero. Yo recibo el paquete de mercadería. El dinero lo recibe el comerciante.

¿Quiénes compran mercaderías o artículos comerciales?
Los clientes compran los artículos comerciales.

¿No compra el comerciante los artículos?
Sí, el comerciante compra artículos en cantidades grandes y vende los artículos uno por uno a los clientes.

¿Qué significa "comprar al por mayor"?
"Comprar al por mayor" significa comprar en cantidades muy grandes. El comerciante compra un mil, un ciento, una gruesa o seis docenas de artículos

¿Qué es lo contrario de "comprar al por mayor"?
"Comprar al por menor (o al menudeo)" es lo contrario de "comprar al por mayor o al mayoreo)."

¿Quiénes compran al menudeo?
Los clientes compran al menudeo, es decir, compran en cantidades pequeñas. El cliente compra un artículo, media docena de artículos pequeños, un

cuarto de docena. El cliente compra lo suficiente
para una o dos personas o para una familia.

¿Qué significa "cambiar valores"?
"Cambiar" significa recibir un valor y dar otro valor
equivalente. Una persona recibe y la otra da. El
comerciante da mercadería y recibe dinero.

¿Qué es el precio de un artículo?
El precio es el equivalente en dinero.

¿Qué adjetivo expresa un precio muy elevado?
Caro es un adjetivo que expresa precio elevado.

¿Qué es lo contrario de caro?
Barato es lo contrario de caro.

¿Es caro el perfume?
Sí, el perfume bueno es muy caro.

¿Es cara la leche?
No, la leche no es cara, es barata.

¿Son caros los diamantes?
Sí, los diamantes son muy caros.

¿Cuánto vale un diamante?
Depende del tamaño y de la calidad.
Un diamente vale cien dólares, cuatrocientos dólares,
quinientos dólares, mil dólares o cinco mil dólares.

Dar

Dar es lo contrario de recibir.
El verbo dar es muy irregular.

145

Presente

yo doy	nosotros damos
usted da	ustedes dan

Pretérito

yo dí	nosotros dimos
usted dió	ustedes dieron

This story was written as an exercise in reading more difficult Spanish.

LOS POLLITOS INSOLENTES

En una hermosa mañana de mayo, una gallina aristocrática comenzó a sentir una nostalgia o melancolía o algo semejante a esas terribles sensaciones. "Clo—clo—clo" dijo, y comenzó a meditar: "Yo necesito una vacación de unos cuarenta días. Estoy fatigada y tengo una temperatura anormal en todo el cuerpo. Sí, es necesario descansar." Ella examinó el nido, contó sólo cinco huevos, pero resolvió acomodarse con ellos, con la perspectiva de completar la docena probablemente. La cooperación de otras gallinas no era totalmente improbable.

Tomó posesión del nido y se acomodó muy tranquila con los cinco huevos elegantes. El universo estaba totalmente pacífico y en tres minutos la aristocrática gallina se durmió profundamente.

La señora Gallina

La señora de la casa necesitaba media docena de huevos para el almuerzo de la familia. Vino al gallinero a buscar en los nidos, encontró a la gallina aristocrática durmiendo en el nido y exclamó: "¿Ajá, qué es esto? Mi gallina aristocrática, que me costó doce dólares, durmiendo a las once de la mañana? No . . . No . . . y NO. Una gallina que me costó doce dólares tiene la obligación de poner un huevo cada día, siete huevos cada semana, treinta huevos cada mes." Diciendo estas palabras, entró a la residencia de su familia y en cuatro momentos volvió al gallinero con un balde lleno de agua. Sin decir ni una palabra, echó el agua sobre la gallina. El nido era una laguna en un instante. La gallina salió del nido rápidamente, escapó estornudando: "Achís, a—a—aaachís, a—achís". Corrió a través del jardín y la huerta. Pasó el huerto y llegó a un árbol de manzanas grande y frondoso. El denso follaje convertía al árbol en un gigantesco parasol, una excelente protección contra los ardientes rayos del sol de mayo. La gallina se detuvo, sacudió sus plumas y comenzó un monólogo de protesta y de resentimiento en estas palabras: "Esta señora no respeta mi alta posición social ni los méritos de mi aristocrática familia. Me echa agua como si yo fuera un ordinario pato o animalucho de agua. Esto es una falta de respeto y de consideración. Yo no debo tolerar esta impertinencia. ¡NO, se-ño-ra! Mi intención es abandonar esta casa y esta señora para ir a vivir con las vacas y las mulas del potrero. Me voy porque me voy. ¡Al delirio con la señora de la casa! Me voy. ¡Gurbay y para siempre, adiós!"

el balde

La gallina pasó la cerca y continuó su marcha en dirección del oeste. Ya estaba en el potrero. A corta distancia estaban media docena de animales grandes comiendo la yerba fresca y verde. La gallina llegó primero a donde estaba la vaca blanca comiendo en solemne tranquilidad. En tono muy diplomático dijo: "Buenos días, señora Vaca". Pero la vaca no respondió ni una sola palabra; continuó comiendo la yerba verde en perfecto silencio. Entonces la gallina exclamó:

148

"Ajá—Usted no desea hablar conmigo; muy bien. No es absolutamente necesario que una vaca ignorante converse con una gallina aristocrática. Gurbay." Ella continuó caminando sobre la yerba fresca, repitiendo "Clo—clo" a cortos intervalos. A unas veinte yardas de distancia llegó a donde estaba la mula gris comiendo zacate verde en perfecta paz (tranquilidad). Con su tono diplomático dijo: "Buenos días, señora Mula". Pero la mula no respon-  dió ni una sola palabra. "Ajá—Usted tampoco desea conversar conmigo. ... Perfectamente. No es totalmente indis· pensable que una mula estúpida con· verse con una gallina educada y aristocrática. Adiós y que coma usted mucho zacate verde."

el pato

Continuó la gallina andando lentamente y repi- tiendo a intervalos "Clo—clo—clo." De pronto se detuvo en grande sorpresa; descubrió un hermoso y jugoso chapulín verde. "Pec, pec, pec" y en tres rápi· dos picotazos el hermoso y jugoso chapulín entró a la eternidad. En otro instante otro chapulín entró a la eternidad por el pico de la  gallina. En realidad la gallina descubrió que el potrero estaba

la cerca

habitado por millones o quinquillones de insectos nutritivos. El primer chapulín produjo entusiasmo y vivaz atención a las oportunidades de comer un banquete rico de insectos, zacate y granos de cereales distribuidos en el zacate por manos misteriosas. El tercer chapulín se presentó inmediatemente. Una so-

ciedad completa de chapulines se presentó y la gallina
no tenía tiempo más que para picar y comer rápidamente como una máquina eléctrica. Pica, pica y pica, y
el banquete estuvo completo en pocos minutos. Insectos, zacate y granos de cereales eran abundantes,
pero ¿y el agua? "Agua—agua" exclamó la gallina.
"¿Dónde está el agua para las vacas y las mulas?" Comenzó a examinar y explorar el territorio. En un
momento descubrió que las marcas de las patas de
los animales grandes iban en dirección del norte.
"Norte—norte—norte." Todas las huellas de las mulas
y las vacas y de los caballos estaban convergentes en
la dirección del norte. El agua debía estar en esa dirección. La gallina continuó andando unas cincuenta
yardas y llegó a una cerca vieja y un portón viejo.
Este portón abandonado era la entrada a otro potre-
rito que ya no estaba separado del potrero grande porque la cerca también estaba abandonada y en mala
condición. Una vegetación espontánea, muy rica y
muy frondosa disimulaba con belleza singular el semi-
desastre del portón y de la cerca. Ar-
boles y arbustos, plantas trepadoras y
una confusión de colores y perfumes
transformaban la cerca y el portón en
un lugar de belleza atractiva para la
gallina. La densa vegetación era im-
penetrable para personas y para animales grandes. Una gallina podía entrar con difi-
cultad, pero podía penetrar. La gallina de esta mis-
teriosa historia pasó el portón y a distancia de otras
cincuenta yardas más allá encontró el Arroyo de

el chapulín

Cristal. El agua fresca estaba transparente. El cielo azul se reflejaba en el estanque circular donde bebían todos los animales grandes de la finca.

La gallina tomó un trago y elevó los ojos al cielo para expresar reverente gratitud al Creador del Universo. Tomó el segundo trago y elevó los ojos al infinito cielo en actitud reverente para dar gracias a Dios por el agua fresca y transparente.

El Arroyo de Cristal cantaba su melodía y corría rápidamente hacia la residencia del finquero al este y al sur del estanque. La gallina bebió suficiente agua y exploró con la vista todo el territorio al norte, al sur, al este y al oeste. Plantaciones de cereales al oeste inmediato. Arboles gigantescos en grupos de follaje denso y obscuro en la distancia remota. El techo rojo de la casa al sureste con sus huertos y jardines. La vasta pradera verde con los animales grandes. Todo era fantástico. Todo era esplendor. El sol radiante y ardiente hacía la temperatura desagradable. Pero una brisa fresca estaba comenzando a mover las copas de los árboles.

La gallina regresó al portón viejo, abandonado. La densa vegetación espontánea era una invitación atractiva. Penetró una yarda o dos. Descubrió que la sombra interior era muy agradable. Penetró dos o tres yardas más y de pronto exclamó en una sorpresa increíble: "¿QUE ES ESTO? ¡HUEVOS! UN NIDO LLENO DE HUEVOS. ¡QUE MISTERIO, QUE SORPRESA! Este es el día de las sorpresas y de los misterios."

Con especial atención la gallina contó los huevos:

151

"Uno—dos—tres—cuatro—cinco . . . cinco . . . cinco, qué mala aritmética.—Seis—siete—ocho—nueve—y uno, diez—y dos, doce—y dos, catorce." No había error posible. Eran catorce huevos grandes y elegantes. La señora Gallina resolvió tomar posesión inmediata del nido sin más investigaciones. Esta era la suprema oportunidad y era necesario aceptar el destino sin cavilar. "Correcto" dijo y se acomodó con los huevos tan contenta y tranquila como si estuviera obedeciendo un mandato divino. (Instintos de madre son ésos.)

Con las fatigas y sorpresas del día el sueño vino como por mágico encantamiento y nuestra buena gallina cerró los ojos en menos de tres minutos. Durmió mucho y sin interrupciones. Sus ideas eran confusas y ella no tenía interés en combatir esa confusión. Cuando el sol anunció la mañana del nuevo día ya la gallina tenía su buena hora de estar despierta examinando con la vista todos los detalles del sombrío paraje solitario. Un día tras otro día fueron pasando. La gallina contaba cada mañana como un día completado. Todos los días hacía ejercicios mentales de matemáticas. "Siete días hacen una semana . . . Catorce días hacen dos semanas . . . Catorce y siete son veintiuno . . . Tres semanas son veintiún días. Correcto, y requetecorrecto."

Cálculos constantes y tanta aritmética causaron algún error, porque al día número veinte la gallina examinó los huevos con especial cuidado (o atención) y descubrió que la temperatura era normal. La palpitación de los pollitos era insuficiente. Pero el mínimo de palpitación indica la presencia de la vida. Y con

todo y todo al final de los veintiún días no hubo pollitos. La gallina llamó: "Clo—clo—clo". Pero en el
nido había un silencio profundo.

La única conclusión posible era que había error de
aritmética. Ella decidió continuar en el nido hasta ver
los pollitos. Cada día examinaba los huevos y contaba
los días sólo por hábito y por fórmula: "Uno, dos y
tres . . . Cuatro, cinco y seis." Ahora sí, el sexto día
adicional la palpitación de los pollitos en las cáscaras
de los huevos era muy fuerte. Ahora estaban en otro
extremo, porque la palpitación era muy exagerada,
terrible, increíble. Finalmente llegó la última hora del
séptimo día. La gallina comenzó a llamar con entusiasmo. A las ocho de la mañana oyó un sonido fuerte:
Crac—crac. En menos de un minuto un enorme pollo
amarillo dió una vuelta y salió del cascarón. En ritmo
rápido otro huevo produjo el sonido inequívoco y
otro enorme pollito amarillo dió vuelta y salió de la
cáscara. Cáscaras y más cáscaras; pollos y más pollos.
Cuando el sol estaba cerca del medio cielo ya los catorce pollitos extraordinarios y curiosos habían ter-
minado la tarea importantísima de salir de las cáscaras.
La gallina estuvo ocupada cada minuto sacando cáscaras del nido, acomodando cada pollito para evitar la
asfixia de su familia. Pero la memoria estaba paralizada en lo referente a los misterios del nido y de los
huevos, estaba paralizada en lo referente a todas las
angustias pasadas. Ahora toda su atención estaba
concentrada en admirar a sus hijos, todos iguales en
forma y en color. (La realidad es que la piadosa madre
estaba ciega de amor y no podía distinguir nada más

que una suprema belleza acumulada en catorce figuras semidivinas e indescriptibles que ella amaba con incomparable pasión.) Sólo podía pensar en los planes para la educación de su familia aristocrática.

A las cuarenta y ocho horas exactas la Mamá-Gallina dispuso dar una lección de lenguaje a sus pollitos y dijo: "Lo primero que deben aprender es 'Pío—pío—pío', eso significa 'Buenos días' en lenguaje de pollitos. Repitan conmigo: Pío—pío—pío", y las catorce voces infantiles exclamaron: "Fi—fi—fi— . . . Fi—fi—fi." "No, no, no, eso no es lenguaje de pollitos. Eso está muy incorrecto. Los pollitos dicen 'Pío—pío—pío'. Repitan conmigo: Pío—pío—pío—vamos". Pero los insolentes chicos repitieron en coro: "Fi—fi—fi . . . fi—fi—fi." Era imposible dar lecciones a estos chicos impertinentes.

La gallina resolvió abandonar la pedagogía de la lengua materna para llevar a sus hijos al Arroyo de Cristal. "Atención" exclamó. "Ahora vamos a beber agua en el arroyo cristalino. El agua es un elemento muy importante en la vida de una gallina y de toda su familia. El agua es indispensable para . . ." Ningún pollo estaba poniendo atención al hidráulico discurso. Pero ella continuó: "Vamos al estanque circular del arroyo, donde beben agua todos los animales. Yo les doy permiso de beber toda el agua que ustedes quieran, pero con una condición: No deben mojarse los pies. Si se mojan los pies les dará un terrible ataque de reumatismo. Sí, reumatismo. El reumatismo es una terrible enfermedad. Ay, ay, ay; mi pobre abuela . . . se murió de re—re—reummmmat—is—mo Ay, qué calamidad. Si ustedes se mojan los pies yo no soy responsable si mueren de reumatismo. ¿Ven? Ustedes no deben mojarse los pies. Beber, beber, pero sin mojarse los pies."

"Formen un grupo compacto y en marcha. Grupo compacto para resistir a los enemigos, eso es lo que digo yo." Inmediatamente comenzó a caminar delante de su familia. Caminó con paso rápido hasta la mitad de la distancia. Dió vuelta para ver donde venían sus hijos y descubrió que no caminaban en grupo compacto sino en una línea larga. Cada pollo caminaba detrás de otro pollo. Uno tras otro venían en línea como si no tuvieran instrucciones de marchar en grupo. "Ajá—¿No vienen en grupo compacto como yo les dije? ¿Piensan ustedes que esto es una parada militar? Vamos, a formar el grupo. Chicos insolentes. Pestíferos brutos. Pollitos desobedientes. Pollitos mal educados, etc., etc., etc." Pero los pollitos eran incorregibles; no era posible obligarlos con palabras a obedecer ni la más mínima orden. La gallina descubrió que los discursos y sermones no producían ningún efecto. Por consecuencia suspendió la oratoria con el propósito de consultar al gallo. Ah, el gallo es el papá de los pollitos y es muy sabio. El gallo pondrá disciplina en esta familia. "¿Dónde estará mi gallo? Yo voy a consultar a mi gallo y él resolverá este problema que para mí es imposible. Pollitos insolentes."

En ese momento ya estaba la gallina frente al estanque y comenzó con ansia a beber el agua cristalina y pura del arroyo. Bebió y bebió hasta estar satisfecha. Pero otra ansiedad vino a sorprender y aterrar a la pobre gallina: Los pollitos llegaron al agua y sin ceremonias ni palabras se echaron de cabeza en el agua: "Chupulún . . . chupulún . . . chupulún" todos los catorce pollitos se echaron al agua en menos de un instante. La gallina gritó con desesperación: "Reu . . . ma . . . tis . . mooooo. Brutos. Inconcientes. Pestíferos animales. Salgan de esa agua . . . Que salgan ordeno yo." Gritó y gritó hasta que la voz se extinguió en su laringe atormentada por la angustia, pero los hijitos desobedientes no obedecían. Comenzaron a nadar hacia arriba y hacia abajo. Nadaron en círculos y nadaron en espirales. Nadaron en cuarenta diferentes direcciones . . . Nadaron más de una hora. Finalmente resolvieron salir del agua sacudiendo las alas y sacudiendo la cola con regocijo muy visible y con indiferencia absoluta.

La gallina estaba desesperada y resuelta a abandonar a los pollitos insolentes, pero no pudo resistir la tentación de hacer un discurso final y comenzó. Ella dijo cuatro o cinco adjetivos con mucha solemnidad, pero un pollito impertinente la interrumpió, diciendo: "Oiga usted, señora Gallina, nosotros no somos pollitos. No somos pestíferos brutos, ni somos insolentes. Nosotros somos patitos. Consulte esto con el gallo." Ahora la gallina interrumpió al elocuente fifiriche: "Pa-ti-tos . . . Voy a consultar al gallo, pero antes quiero decirles que son ustedes muy desobedientes y muy arrogantes. Gurbay y hasta el fin del universo."

Con la última palabra ya los patitos estaban esparcidos en el potrero explorando el paraje en busca de algo para comer. Nosotros ahora sabemos que pasaron ellos muchos incidentes curiosos, pero nada trágico ni desastroso. Ya son patos grandes y patas grandes. En sus memorias no hay nada del fantástico principio de sus vidas bajo la tutela pasajera de la gallina aristocrática.

* * *

Hay un detalle final para aclarar el misterio. En la tarde en que la gallina tomó posesión incondicional del nido y de los huevos, se oyó en la distancia remota una música de orquesta. Eran los acordes de una ceremonia matrimonial en la casa de la finca. En ese banquete nupcial había cuatro patos servidos a la mesa. Uno de esos pájaros era ni más ni menos que la madre de los pollitos curiosos y excéntricos. Pero esa información no se debe repetir sin consultar al señor Gallo que es muy sensitivo y muy prudente.

* * *

GRAMMAR SECTION

1. REGULAR VERB CHARTS

Add the following endings to the stem of the verb:

	ar		er		ir	
Present	o	amos	o	emos	o	imos
	a	an	e	en	e	en

	ar		er		
Preterite	é	amos	í	imos	same as *er*
	ó	aron	ió	ieron	

	ar		er		
Imperfect	aba	ábamos	ía	íamos	same as *er*
	aba	aban	ía	ían	

Present Perfect ar er ir

yo he
usted ha
él, ella ha
nosotros hemos   *plus* ado   *plus* ido   same as *er*
ustedes han
ellos, ellas han

Progressive

yo estoy
usted está
él, ella está
nosotros estamos   *plus* ando   *plus* iendo   same as *er*
ustedes están
ellos, ellas están

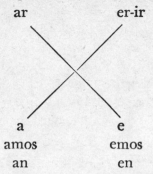

Imperative (Command)

ar   er-ir

a   e
amos   emos
an   en

Explanations and examples of these tenses are to be found:

Present Tense — Lesson 9, 10.

Preterite Tense — Lesson 35.

Imperfect Tense — Grammar Section No. 16.

Present Perfect — Grammar Section No. 12.

Progressive Form — Grammar Section No. 13.

Imperative — Grammar Section No. 14.

Future — The future tense endings are not given in this chart because they are added to the complete infinitive. For explanation, see Grammar Section No. 11.

2. PLURALS

Plurals are formed in the following manner:

(a) when a word ends in a vowel, add *s*.

(b) when a word ends in a consonant, add *es*.

(c) when a word ends in *z*, change *z* to *c* and add *es*.

3. ADJECTIVES

A. As a general rule, adjectives are placed after the noun.

159

Examples: el gato negro, la flor blanca, el elefante grande.

B. Adjectives must agree with nouns in gender and number.

Examples: el señor atractivo, la señorita atractiva, los gatos negros, las vacas negras.

When adjectives do not end in *o* or *a* in the singular, they change to agree with the noun in number, but not in gender.

Examples:

	Singular	*Plural*
Masculine—	el árbol verde	los árboles verdes
Feminine —	la casa verde	las casas verdes

4. ACCENTS

In order to understand accents it is helpful to divide Spanish words into two groups:

A. Normal words that follow the rules governing accents and need no written accent.

B. Abnormal words that do not conform to the rules governing accents and therefore need a written accent.

A. Normal Words
Rules of accent:
1. When words end in *n, s* or a vowel, they receive the accent (spoken, not written) on the next to the last syllable.
Examples: *co*men, *plan*ta, *pe*ras, *pe*lo
2. Words ending in all other letters receive the accent on the last syllable.
Examples: humani*dad,* ani*mal,* re*loj,* com*er*

All infinitives receive the accent (spoken) on the last syllable since they end in *r*.

B. Abnormal Words

All words that do not conform to the rules in Section A must have a written accent.

The three kinds of abnormal words are:

1. Words that end in *n, s,* or a vowel, but do not receive the accent on the next to the last syllable. Examples: acción, cortés, entré, habló.

2. Words that end in letters other than *n, s,* or a vowel, but do not receive the accent on the last syllable. Examples: azúcar, fácil, árbol.

3. Words that receive accents on any syllable *before* the next to the last. Examples: eléctrico, teléfono, película.

Words of interrogation are not abnormal but receive an accent in order to distinguish them from the affirmative. When these words are not used in questions or exclamations they are not accented. Examples: qué, cuál, cómo, cuándo, quién.

The written accent is used only to indicate that a syllable should be stressed. Accents never change the sound of letters.

5. GENDER

In Spanish all nouns are either masculine or feminine. Nouns that end in *o* are usually masculine and those that end in *a* are usually feminine.

Some exceptions: la mano, el planeta, el sofá, el
   patriota
Nouns that end in *d, z,* or *ión* are usually feminine.
Nouns that end in other letters are generally masculine.

6. ARTICLES

Definite Articles

The definite article must agree with the noun in gender and number. The forms of the definite article are:

$$
\text{the}
\begin{cases}
\text{el — masculine singular} \\
\text{la — feminine singular} \\
\text{los — masculine plural} \\
\text{las— feminine plural}
\end{cases}
$$

Examples: el gato (the cat) los gatos (the cats)
         la pierna (the leg) las piernas (the legs)

The neuter article *lo* is used before adjectives that are
used as nouns.

Indefinite Articles

$$
\text{a, an}
\begin{cases}
\text{un — masculine singular} \\
\text{una — feminine singular}
\end{cases}
$$

Examples: un gato (a cat)
         una gardenia (a gardenia)

When *un* and *una* are used in the plural they mean
some.

Examples: Tengo unas flores. (I have some flowers.)
Llegaron unos hombres. (Some men arrived.)

Contractions

Al (at the, to the) is the contraction of *a* and *el*.
Del (of the, from the) is the contraction of *de* and *el*.

7. SABER AND CONOCER

In Spanish there are two verbs that mean *to know:* *saber* and *conocer*. *Saber* is used to indicate the knowledge of something acquired by study or learning.
Example: Yo sé mi lección. I know my lesson.
Yo sé manejar. I know how to drive.

Conocer is used to express acquaintance with a person or thing.
Example: Yo conozco a la bailarina. I know the dancer.
Yo conozco al país y a sus habitantes. I know the country and its inhabitants.

For conjugation of *conocer*, see Grammar Section No. 15.

8. SER AND ESTAR

In Spanish there are two verbs that mean *to be*. They are *ser* and *estar*.

Estar is used to indicate (1) temporary condition (2) location (whether temporary or not).

163

Examples:

Estar	To be
1. *Situación temporal*	1. *Temporary condition*
Yo estoy enfermo.	I am sick.
Usted está contento.	You are happy.
El vestido está limpio.	The dress is clean.
Nosotros estamos tristes.	We are sad.
Ustedes están cansados.	You (pl.) are tired.
2. *Lugar*	2. *Location*
Yo estoy en el teatro.	I am in the theater.
Usted está en la clase.	You are in the class.
El sol está en el cielo.	The sun is in the sky.
Nosotros estamos en México.	We are in Mexico.
Las películas están en la cámara.	The films are in the camera.

Ser is used to indicate a permanent condition.

Examples:

Situación permanente	*Permanent condition*
Yo soy blanco.	I am white.
Usted es mi amigo.	You are my friend.
La luna no es un planeta.	The moon is not a planet.
Nosotros somos americanos.	We are Americans.
Ellos son inteligentes.	They are intelligent.

164

Estar es un verbo irregular.

Estar

yo estoy	nosotros estamos
usted está	ustedes están

Ser es un verbo irregular.

yo soy	nosotros somos
usted es	ustedes son

There are some exceptions to these rules which are taken up in more advanced Spanish.

9. REFLEXIVE VERBS

Reflexive verbs are used in Spanish to denote action that is directed back upon the subject. Example: Yo me lavo (I wash myself). It is helpful to remember that most of the reflexive verbs that are commonly used refer to a *physical* action directed back upon the subject.

List of reflexive verbs:

Infinitive

peinarse   yo me peino — I comb (myself)

bañarse   yo me baño — I bathe (myself)

lavarse   yo me lavo — I wash (myself)

secarse   yo me seco — I dry (myself)

sentarse   yo me siento — I sit down (Literally, I sit myself down)

acostarse   yo me acuesto — 1 lie down (Literally, I lie myself down)

levantarse   yo me levanto — I get up (Literally, I get myself up)

165

yo me baño   nosotros nos bañamos
usted se baña   ustedes se bañan
él, ella se baña   ellos, ellas se bañan

Notice that the pronouns precede the verb except in the infinitive where the pronoun is added on to the verb to form one word only.

10. RADICAL CHANGING VERBS

It is important to know the reason for the changes that occur in what we call Radical Changing Verbs. This reason not only clarifies the verbs but helps students to understand countless words in Spanish that have the same peculiarities of construction as the verbs.

Because of the Roman conquest of Spain, about 60 per cent of all Spanish words are derived from Latin. Since the Spaniards spoke other very different languages before Latin was imposed upon them, they found it difficult to pronounce some words in their original Latin form. Radical Changing Verbs are a direct result of this inability of the Spaniards to pronounce some Latin words with ease.

In some cases it was difficult for the Spaniards to pronounce the letters *e, o,* and *u* when they received the stress (accent). As a result, these letters have been changed in the following manner:

e — ie
o — ue or hue
u — ue

The *o* changes to *hue* only at the beginning of a word. It must be remembered that these vowels change only when the stress falls upon them.

If you keep these simple vowel changes in mind you will be able to understand many new Spanish words. For example, if you see the word *huérfano,* it is probable that you do not understand it, but if, in your mind, you change the *hue* to *o* as the rule indicates, you get *orfano* which immediately brings to mind *orphan.*

It is peculiar that the Spaniards changed the vowels only when they received the stress, thus orphan is *huérfano,* but orphan asylum is *orfanato.*

You should not assume that *o, e* and *u* always change when they receive the stress. There are many cases in which they do not change.

There are other rules for Radical Changing Verbs that are taken up in more advanced Spanish.

The following simple rules are for beginners:

1. The vowel changes occur in the present tense.
2. The vowels are not changed unless the stress falls upon them, hence the first person plural and the infinitive keep the original vowels.
3. It is the stem of the verbs that changes.

Examples:

dormir (to sleep)		oler (to smell)	
duermo	dormimos	*huelo*	olemos
duerme	*duermen*	*huele*	*huelen*

pensar (to think)		jugar (to play)	
pienso	pensamos	*juego*	jugamos
piensa	*piensan*	*juega*	*juegan*

11. FUTURE

The future is expressed in two ways in Spanish:

A. By use of the future tense
B. By use of the present tense of the verb *ir,* plus *a,* plus the infinitive.

A. Future Tense

The future tense is formed by adding the following endings to the *complete* infinitive of *ar, er* and *ir* verbs:

yo	— é	nosotros	— emos
usted	— á	ustedes	— án
él, ella	— á	ellos, ellas	— án

Example:

bailar (to dance)

yo bailaré	nosotros bailaremos
usted bailará	ustedes bailarán
él, ella bailará	ellos, ellas bailarán

Translation:

I shall dance	we shall dance
you will dance	you will dance
he, she will dance	they (masc. & fem.) will dance

Chart for future tense of *ar, er* and *ir* verbs:

é	emos
á	án

Future of hablar, comer and vivir:

hablaré	hablaremos
hablará	hablarán
comeré	comeremos
comerá	comerán
viviré	viviremos
vivirá	vivirán

B. This form is not a future tense but an idiomatic way of expressing the future.

In English we often say *I am going to dance* instead of *I shall dance*. In Spanish we express the future in the same way by saying *Voy a bailar* (I am going to dance), instead of *Bailaré* (I shall dance).

Examples:

Yo voy a estudiar.	I am going to study.
Usted va a cantar.	You are going to sing.
Nosotros vamos a comer.	We are going to eat.
Ellos van a nadar.	They are going to swim.

Note: Do not forget to use *a* after the present tense of *ir*.

Both of these forms of expressing the future are correct and interchangeable, but the second form is used more than the first in conversation.

12. PRESENT PERFECT TENSE

Haber and ~~*tener* both mean~~ *to have,* but *haber* is used as an auxiliary verb, whereas *tener* is used to express possession. Examples: *Yo he hablado* (I have spoken). *Yo tengo un radio* (I have a radio) .

Chart for present perfect tense:

		Endings	
		ar verbs	er & ir verbs
yo he			
usted ha			
él, ella ha			
nosotros hemos	*plus*	ado	ido
ustedes han			
ellos, ellas han			

Examples: Present perfect tense of *tomar* (to take)

yo he tomado	I have taken
usted ha tomado	you have taken
él, ella ha tomado	he, she has taken
nosotros hemos tomado	we have taken
ustedes han tomado	you have taken
ellos, ellas han tomado	they (masc. & fem.) have taken

comer (to eat)	vivir (to live)
yo he comido	yo he vivido
usted ha comido	usted ha vivido
él, ella ha comido	él, ella ha vivido
nosotros hemos comido	nosotros hemos vivido
ustedes han comido	ustedes han vivido
ellos, ellas han comido	ellos. ellas han vivido

13. PROGRESSIVE FORM

Endings
ar verbs   er and ir verbs

yo estoy
usted está
él, ella está
nosotros estamos
ustedes están
ellos, ellas están

} *plus*   ando   iendo

Examples: Progressive form of *tomar*

yo estoy tomando	I am taking
usted está tomando	you are taking
él, ella está tomando	he, she is taking
nosotros estamos	
tomando	we are taking
ustedes están tomando	you are taking
ellos, ellas están	they (masc. & fem.) are
tomando	taking

comer	vivir
yo estoy comiendo	yo estoy viviendo
usted está comiendo	usted está viviendo
él, ella está comiendo	él, ella está viviendo
nosotros estamos	nosotros estamos
comiendo	viviendo
ustedes están comiendo	ustedes están viviendo
ellos, ellas están	ellos, ellas están
comiendo	viviendo

14. IMPERATIVE CHART

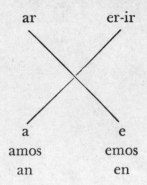

ar   er-ir

a   e
amos   emos
an   en

This chart is put in the form of a cross in order to indicate that verbs take the opposite vowel in the imperative: *ar* verbs take *e*; *er* verbs take *a*.

Examples of imperative (command):

Infinitive

comer	Coma bien. Eat well.
tomar	Tome esta aspirina. Take this aspirin.
escribir	Escriba la carta. Write the letter.

(These can be put in the plural by saying *coman, tomen, escriban.*)

Note: The forms given here are for the formal *usted* and *ustedes,* and not for *tú* and *vosotros.* Many grammars give the familiar imperative forms, but this book uses the formal expression throughout because it is the one that is used for all except the most familiar conversation.

15. IRREGULAR VERBS

Present Tense   Preterite Tense

conocer (to know)

conozco	conocemos
conoce	conocen

conocí	conocimos
conoció	conocieron

tener (to have)

tengo	tenemos
tiene	tienen

tuve	tuvimos
tuvo	tuvieron

venir (to come)

vengo	venimos
viene	vienen

vine	vinimos
vino	vinieron

ver (to see)

veo	vemos
ve	ven

ví	vimos
vió	vieron

Conjugations of other irregular verbs may be found as follows:

173

cstar	42, Gram. Sec. No. 8
freír	40
hacer	28
hervir	40
ir	19, 35
oír	12
preferir	19
reírse	20
saber	33
salir	32, 38
sentarse	17
ser	Gram. Sec. No. 8
tener	42
vestirse	24

16. IMPERFECT TENSE

Endings of the imperfect tense in chart form:

ar		er and ir	
aba	ábamos	ía	íamos
aba	aban	ía	ían

Tomar

yo tomaba—I took, I was taking, I used to take

usted tomaba—You took, you were taking, you used to take

él, ella tomaba—he, she took; he, she were taking; he, she used to take

Nosotros tomábamos—we took, we were taking, we used to take

ustedes tomaban—you took, you were taking, you used to take

174

ellos, ellas tomaban—they took, they were taking, they
used to take

Comer

yo comía	nosotros comíamos
usted comía	ustedes comían
él, ella comía	ellos, ellas comían

In English there is only one simple past tense, but in
Spanish there are two simple tenses that express the
past: the preterite and the imperfect. The main difference between them is that the imperfect is used to
express continuous or repeated action in the past and
the preterite is used to express a single completed action in the past.

Examples:

Preterite: *Yo comí pan tostado esta mañana.* (I ate
toast this morning.) Use of the preterite
(*comí*) denotes SINGLE COMPLETED
action.

Imperfect: *Yo comía pan tostado todas las mañanas.*
(I used to eat toast every morning). Use of
the imperfect (*comía*) denotes action that
was REPEATED over and over.

Preterite: *Tuve un accidente en Cuba.* (I had an
accident in Cuba.) Use of the preterite
(*tuve*) denotes SINGLE COMPLETED
action.

Imperfect: *Cuando vivía en Cuba tenía muchos amigos.* (When I lived in Cuba, I had many friends—a literal translation would be: When I used to live in Cuba, I used to have many friends.) Use of the imperfect (*vivía, tenía*) denotes CONTINUOUS action in the past.

VOCABULARY

Note: The purpose of this vocabulary is to give the meaning of words as they appear in the text. No effort has been made to give a complete compilation.

A

a, at, to
abarrotes, *m.* groceries
abogado, *m.* lawyer
abre, open, opens
abreviatura, *f.* abbreviation
abrigo, *m.* coat
abril, *m.* April
abrir, to open
abro, I open
absorbente, absorbent
abuela, *f.* grandmother
abuelita, *f.* little grandmother
abuelito, *m.* little grandfather
abuelo, *m.* grandfather
abundante, abundant
accidente, *m.* accident
acción, *f.* action
aceite, *m.* oil
acera, *f.* sidewalk
acero, *m.* steel
achís, achoo! (sneeze)
ácido, -a, sour
aclarar, to clear
acomodarse, to nestle
acomodó, nestled
acompaña, accompany, accompanies

acorde, *m.* chord
acostarse, to go to bed
acróbata, *m.* acrobat
actividad, *f.* activity
acuesta, se—, go to bed, goes to bed
Adán, Adam
adiós, goodby
admiración, *f.* admiration
adorno, *m.* ornament
aéreo, -a, air (*adj.*)
aeroplano, *m.* airplane
afecta, affect, affects
afecto, *m.* affection
agosto, *m.* August
agradable, agreeable
agricultor, *m.* farmer
agricultura, *f.* agriculture
agua, *f.* water (*masc. article*)
aguja, *f.* needle
ahora, now
aire, *m.* air
ajá, aha!
al, to the, at the
ala, *f.* wing
albañil, *m.* mason
alcohol, *m.* alcohol
Alemania, Germany
alfabeto, *m.* alphabet
alfalfa, *f.* alfalfa

alfombra, *f.* rug
alguno, -a, some
alimento, *m.* food
almacén, *m.* store
almuerzo, *m.* lunch
alto, -a, tall
alumno, -a, pupil
amarillo, -a, yellow
amarra, tie, ties
ametralladora, *f.* machine gun
amigo, -a, friend
amor, *m.* love
andar, to walk
ando, I walk
angustia, *f.* anxiety
anillo, *m.* ring
animal, *m.* animal
animalucho, *m.* ugly animal
anoche, last night
anormal, abnormal
ansia, *f.* anxiety
anterior, former
antes, before
anuncio, *m.* advertisement
año, *m.* year
apaga-luz, *m.* blackout
apagan, extinguish
apetito, *m.* appetite
apio, *m.* celery
aplaude, applaud, applauds
aplaudir, to applaud
aprender, to learn
aprisa, quickly
árbol, *m.* tree
arbusto, *m.* bush
armas, *f.* arms

arquitecto, *m.* architect
arroyo, *m.* stream
arroz, *m.* rice
artículo, *m.* article
artificial, artificial
artista, *m.* artist
asiento, *m.* seat
aterrar, to frighten
atiende, attend, attends, wait on
automóvil, *m.* automobile
autor, *m.* author
autoridad, *f.* authority
avanzar, to advance
avena, *f.* oats, oatmeal
aviador, *m.* aviator
avión, *m.* airplane
ayer, yesterday
azúcar, *f.* sugar (*masc. article*)
azucarera, *f.* sugarbowl
azul, blue

B

bacterias, *f.* bacteria
bailar, to dance
bailarina, *f.* dancer
baile, *m.* dance
bailo, I dance
balde, *m.* bucket
banco, *m.* bank
bandido, *m.* bandit
banquete, *m.* banquet
baña, se—, bathe, bathes
baño, *m.* bathroom; **me baño,** I bathe
barato, -a, cheap

barba, *f.* beard, chin
barco, *m.* ship
bata, *f.* bathrobe
batalla, *f.* battle
bebe, drink, drinks
bebida, *f.* drink
bebo, I drink
belleza, *f.* beauty
bello, -a, beautiful
biblioteca, *f.* library
bicicleta, *f.* bicycle
bien, well
biftec, *m.* beefsteak
bigote, *m.* mustache
billete, *m.* bill
blanco, -a, white
blindado, -a, armored
boca, *f.* mouth
bola, *f.* ball
boleto, *m.* ticket
bolsa, *f.* bag, purse, pocket
bomba, *f.* bomb
bombardear, to bomb
bombardero, *m.* bomber
bonito, -a, pretty
bordando, embroidering
bordar, to embroider
bote, *m.* boat
botella, *f.* bottle
botica, *f.* drugstore
brazalete, *m.* bracelet
brazo, *m.* arm
brisa, *f.* breeze
brocha, *f.* brush
broche, *m.* brooch
bueno, -a, good
buque, *m.* boat

burro, *m.* donkey
buscar, to look for
buzón, *m.* letterbox

C

caballería, *f.* cavalry
caballo, *m.* horse
cabello, *m.* hair
cabeza, *f.* head
cabo, *m.* corporal
cada, each
cadera, *f.* hip
caer, to fall
café, *m.* coffee
cafetera, *f.* coffeepot
caja, *f.* box
calcetines, *m.* socks
caldera, *f.* kettle
calentura, *f.* fever
calidad, *f.* quality
caliente, hot
calor, *m.* heat
calorías, *f.* calories
calle, *f.* street
cama, *f.* bed
cámara, *f.* camera
cambiar, to change
cambio, *m.* change
caminar, to walk
camión, *m.* bus
camisa, *f.* shirt
camita, *f.* little bed
campo, *m.* country, field
canario, *m.* canary
canasta, *f.* basket
canoa, *f.* canoe
cansado, -a, tired

canta, sing, sings
cantaba, sang
cantar, to sing
cantidad, *f.* quantity
cañón, *m.* canon
capital, *f.* capital
cara, *f.* face
característica, *f.*
    characteristic
cárcel, *f.* jail
cardinal, cardinal
carga, *f.* cargo
carne, *f.* meat
carnero, *m.* mutton
carnicería, *f.* butcher shop
carnicero, *m.* butcher
carnívoro, -a, carnivorous
caro, -a, expensive
carpintero, *m.* carpenter
carta, *f.* letter
cartero, *m.* mailman
casa, *f.* house
cáscara, *f.* shell
cascarón, *m.* shell
casero, of the house
caso, *m.* case
catarro, *m.* cold
catorce, fourteen
cavilar, to hesitate
cebolla, *f.* onion
cena, *f.* dinner
centavo, *m.* cent
central, central
centro, *m.* center
cepillo, *m.* brush
cerca, *f.* fence
cerca de, near

ceremonias, *f.* ceremonies
cerrado, -a, closed
cerró, closed
ciclista, *m.* cyclist
ciego, -a, blind
cielo, *m.* sky
cien, one hundred
ciencia, *f.* science
cierro, I close
cigarro, *m.* cigarette
cinco, five
cincuenta, fifty
cine, *m.* movies
cinematógrafo, *m.* moving
    pictures
cintura, *f.* waistline
cinturón, *m.* belt
circo, *m.* circus
ciudad, *f.* city
claro, -a, clear, light
clase, *f.* class, kind
cliente, *m.* client
cobre, *m.* copper
cocina, *f.* kitchen
cocinar, to cook
cocinera, *f.* cook
coctel, *m.* cocktail
cola, *f.* tail
colador, *m.* strainer
colección, *f.* collection
colegio, *m.* school
color, *m.* color
colorado, -a, red
collar, *m.* necklace
combustible, *m.* fuel
comedia, *f.* comedy
comedor, *m.* dining room

comencé, I began
comerciante, *m.* merchant
cómico, -a, funny
comida, *f.* meal
como, as, I eat
cómo, how
cómodo, -a, comfortable
compañía, *f.* company
compás, *m.* compass
comprado, bought
comprador, *m.* buyer
comprar, to buy
compras, *f.* purchases
compuesto, composed
común, common
con, with
concierto, *m.* concert
condimento, *m.* condiment
conejo, *m.* rabbit
conferencia, *f.* lecture
considera, consider,
   considers
construye, construct,
   constructs
consumidor, *m.* consumer
contienen, contain
contó, counted
contra, against
contrario, opposite
conversando, conversing
copa, *f.* top of tree
copiar, to copy
corazón, *m.* heart
corbata, *f.* necktie
coronel, *m.* colonel
correo, *m.* mail, postoffice
correr, to run

cortar, to cut
cortina, *f.* curtain
corto, I cut
corto, -a, short
cose, sew, sews
cosiendo, sewing
costa, *f.* coast
costó, cost
creador, *m.* creator
crecer, to grow
crema, *f.* cream
cristalería, *f.* crystalware
cristalizado, -a, crystallized
cuál (es), which
cuando, when
cuánto, -a, how much
cuántos, -as, how many
cuarenta, forty
cuarto, *m.* room, fourth,
   quarter
cuatro, four
cuchara, *f.* spoon
cucharita, *f.* little spoon
cuchillo, *m.* knife
cuello, *m.* collar, neck
cuenta, count, tell
cuento, *m.* story
cuerda, *f.* string
cuerpo, *m.* body, corps
cuesta, cost, costs
cultivar, to cultivate
cura, cure, cures

CH

chaleco, *m.* vest
chapulín, *m.* grasshopper
chícharos, *m.* peas

chico, -a, small, little one
chiquito, -a, little, small
chiste, *m.* joke
chistoso, -a, funny
chuleta, *f.* chop
chupulún, splash

D

da, give, gives
dar, to give
dará, will give
de, of, from
debía, should
debo, I should
decir, to say
dedica, dedicates
dedicado, dedicated
dedo, *m.* finger
defiende, defend, defends
del, of the, from the
delante, in front of
delgado, -a, thin, slender
delirio, *m.* delirium
dentro, within
depende, it depends
dependiente, *m.* clerk
derecho, -a, right
desagradable, disagreeable
desayuno, *m.* breakfast
descansar, to rest
descanso, *m.* rest
descender, to descend
desde, from
desea, desire, desires
despacio, slow
despertador, *m.* alarm clock
despertar, to awaken

despierta, awaken, awakens
después, after
detalle, *m.* detail
detrás, behind
detuvo, stopped
día, *m.* day
diamante, *m.* diamond
diario, -a, daily
dice, say, says
diciembre, *m.* December
diciendo, saying
dientes, *m.* teeth
diez, ten
diferencia, *f.* difference
difícil, difficult
dije, I said
dijo, said
diminutivo, *m.* diminutive
dinero, *m.* money
Dios, *m.* God
dirección, *f.* address,
  direction
discurso, *m.* speech
disparar, to shoot
distribuidor, *m.* distributor
distribuye, distribute,
  distributes
diversión, *f.* entertainment
divertir, to amuse, to
  entertain
divierte, entertain,
  entertains
división, *f.* division
doce, twelve
docena, *f.* dozen
dólar, *m.* dollar
doméstico, domestic

domingo, *m.* Sunday
dónde, where
dormir, to sleep
dormitorio, *m.* bedroom
dos, two
doy, I give
droguería, *f.* drugstore
duerme, sleep, sleeps
duermo, I sleep
dulce, sweet
durante, during
durazno, *m.* peach
durmiendo, sleeping
durmió, slept

E

echa, pour, put, throw
echar, to pour, to put, to
throw
edificio, *m.* building
educado, -a, educated
efecto, *m.* effect
ejercicio, *m.* exercise
ejército, *m.* army
el, the (*masc.*)
él, he
electricidad, *f.* electricity
electricista, *m.* electrician
elefante, *m.* elephant
elegante, elegant, refined
elevado, -a, high
ella, she
ellos, -as, they
emocionante, thrilling
empleado, -a, employee
en, in, on
encantamiento, *m.*

enchantment
enemigo, -a, enemy
energía, *f.* energy
enero, *m.* January
enfermedad, *f.* illness
enfermera, *f.* nurse
enfermo, -a, sick, or sick
person
ensalada, *f.* salad
entero, entire
entonces, then
entrada, *f.* entrance
entre, between
envolver, to wrap
época, *f.* epoch, time
equivalente, *m.* equivalent
era, was
es, is, it is
escandalosos, wild,
scandalous
escribe, write, writes
escribir, to write
escribo, I write
escrito, -a, written
escuela, *f.* school
ese, that
esmeralda, *f.* emerald
eso, that
esos, those
español, Spanish
esparcido, dispersed
espárragos, *m.* asparagus
especial, special
especialmente, specially
espinacas, *f.* spinach
esposa, *f.* wife
esposo, *m.* husband

esquina, *f.* corner
esta, this
está, is, it is
establecimiento, *m.*
  establishment
estación, *f.* station, season
estados, *m.* states; Estados
  Unidos, U. S.
estampilla, *f.* stamp
estanque, *m.* pond
estante, *m.* bookcase
estar, to be
estatua, *f.* statue
este, *m.* east, this
esto, this
estómago, *m.* stomach
estornudando, sneezing
estoy, I am
estrella, *f.* star
estudiante, *m.* student
estudiar, to study
estudiaré, I shall study
estudio, *m.* study
estufa, *f.* stove
estuve, I was
estuviera, were (*past subj.*)
estuvieron, were
estuvo, was, were
evaporación, *f.* evaporation
evitar, to avoid
exacta, exact
exactamente, exactly
excepción, exception
exceso, excess
exclusiva, exclusive
exportar, to export
expresar, to express

exterior, exterior
externa, external, outside
extiende, extends, hangs out

F

fácil, easy
faja, *f.* belt, girdle
falda, *f.* skirt
falta, *f.* lack
familia, *f.* family
fatiga, *f.* fatigue
febrero, *m.* February
federal, federal
ferrocarril, *m.* railroad
fértil, fertile
fiebre, *f.* fever
fifiriche, *m.* little creature
fijo, fixed
finca, *f.* farm
finquero, *m.* farmer
flor, *f.* flower
follaje, *m.* foliage
forma, *f.* form, shape
formar, to form, to shape
frasco, *m.* jar
frase, *f.* sentence
frecuencia, *f.* frequence
freír, to fry
frente, *f.* forehead
fríen, fry
frijoles, *m.* beans
frío, -a, cold
frito, fried
frondoso, leafy
fruta, *f.* fruit
fué, was, were, went
fuera, were (*past subj.*)

fuerte, strong
fuerza, *f.* strength, power, force
fuí, I went
fumar, to smoke

G

galleta, *f.* cracker, cookie
gallina, *f.* hen
gallinero, *m.* henhouse
gallo, *m.* rooster
ganancia, *f.* profit, earning
ganso, *m.* goose
gasolina, *f.* gasoline
gato, *m.* cat
general, general
generalmente, generally
golfo, *m.* gulf
gordo, -a, fat
gorila, *m.* gorilla
gracias, thank you
grados, *m.* degrees
gran, great
grande, large
grano, *m.* grain
grasa, *f.* grease
gratificación, *f.* gratification
gratitud, *f.* gratitude
griego, -a, Greek
gris, gray
gritó, screamed
gruesa, *f.* gross
grupo, *m.* group
guantes, *m.* gloves
guardián, *m.* guardian
guerra, *f.* war
guían, guide

gurbay, mispronunciation of goodby
gustar, to please; **me gusta,** I like

H

había, there was, there were
habla, speak, speaks
hablé, I spoke
hablo, I speak
hace, make, makes, do, does; **hace calor,** it is warm
hacer, to do, to make
hacia, toward
harina, *f.* flour
hasta, until
hay, there is, there are
hermana, *f.* sister
hermanito, *m.* little brother
hermano, *m.* brother
hermoso, -a, beautiful
hervir, to boil
hice, I did, I made
hielo, *m.* ice
hierve, boil
hija, *f.* daughter
hijo, *m.* son
hilo, *m.* thread
hirviendo, boiling
hizo, did, made
hogar, *m.* home
hoja, *f.* leaf
hombre, *m.* man
hombro, *m.* shoulder
horario, *m.* hour schedule
horas, *f.* hours
horno, *m.* oven; **al horno,**

baked
hoy, today
hubo, there was, there were
huele, smell, smells
huelo, I smell
huella, *f.* track
huerta, *f.* orchard
huerto, *m.* vegetable garden
huevo, *m.* egg
humano, -a, human
húmedo, -a, humid, damp
hundir, to sink

I

iban, went
iglesia, *f.* church
igual, alike, equal
ilumina, illuminates
impermeable, *m.* raincoat
indio, -a, Indian
inferior, inferior; **parte inferior,** lower part
ingeniero, *m.* engineer
Inglaterra, England
inglés, -a, English
ingrediente, *m.* ingredient
inmenso, -a, immense
intelecto, *m.* understanding
interesante, interesting
interior, interior; **ropa interior,** underwear
invierno, *m.* winter
inyección, *f.* injection
ir, to go
izquierdo, -a, left

J

jabón, *m.* soap

jamón, *m.* ham
jardín, *m.* garden
jarra, *f.* pitcher
jirafa, *f.* giraffe
joven, young
joya, *f.* jewel
joyería, *f.* jewelry shop
joyero, *m.* jeweler
jueves, *m.* Thursday
jugo, *m.* juice
jugoso, -a, juicy
juguete, *m.* toy
julio, *m.* July
junio, *m.* June

L

la, the (*fem.*)
lado, *m.* side
ladrillo, *m.* brick
lago, *m.* lake
laguna, *f.* lagoon
lámpara, *f.* lamp
lancha, *f.* launch
lápiz, *m.* pencil
largo, -a, long
laringe, *f.* larynx
las, the (*fem. plural*)
lata, *f.* tin, tin can
lavamanos, *m.* washbowl
lavandera, *f.* laundress
lavandería, *f.* laundry
le, him, to him, you, to you
lección, *f.* lesson
leche, *f.* milk
lechuga, *f.* lettuce
leer, to read
legumbres, *f.* vegetables

leí, I read
lenguaje, m. language
lentamente, slowly
les, them, to them, you, to
    you
letras, f. letters
levadura, f. yeast
levanta, get up, gets up, rise,
    rises
levantarse, to get up
libra, f. pound
libro, m. book
licores, m. liquors
limón, m. lemon
limonada, f. lemonade
limpiar, to clean
limpieza, f. cleanliness
limpio, -a, clean
línea, f. line
líquido, -a, liquid
líquido, m. liquid
lista, f. list
lo, the, him
locura, f. madness
Londres, London
los, the (masc. plural)
luces, f. lights
lujo, m. luxury
luna, f. moon
lunes, m. Monday
luz, f. light

LL

llama, call, calls
llegó, arrived
lleno, -a, full
llevar, to take, to carry

lloviendo, raining
lluvia, f. rain

M

madera, f. wood
madre, f. mother
madrugada, f. the hours
    before the dawn
maíz, m. corn
malo, -a, bad
mamá, f. mamma
manden, send
manecilla, f. clock or watch
    hand
manejar, to drive
mano, f. hand
manteca, f. lard
mantel, m. tablecloth
manzana, f. apple
mañana, f. morning,
    tomorrow
máquina, f. machine;
    máquina de escribir,
    typewriter
maquinaria, f. machinery
mar, m. sea
marca, mark, marks
marinero, m. sailor
maroma, f. somersault
martes, m. Tuesday
marzo, m. March
más, more
máscara, f. mask
masculino, masculine
material, m. material
mayo, m. May
mayonesa, f. mayonnaise

187

mayor, major; al por mayor, wholesale
mecate, *m.* string
media, *f.* stocking, half
medianoche, *f.* midnight
medicina, *f.* medicine
medio, -a, half. mid
mediodía, *m.* noon
melodía, *f.* melody
memoria, *f.* memory
menor, minor; al por menor, retail
menos, less
menudeo, retail
mercaderías, *f.* merchandise
mercado, *m.* market
mes, *m.* month
mesa, *f.* table
metal, *m.* metal
mi, my
microscopio, *m.* microscope
miembro, *m.* member
mientras, while
miércoles, *m.* Wednesday
mil, thousand
millón, million
minutos, *m.* minutes
mirar, to look at
mismo, -a, same
mitad, *f.* half
modas, *f.* styles
moderno, -a, modern
mojado, -a, wet
mojar, to wet
moneda, *f.* coin
monetaria, monetary
mono, *m.* monkey

mosca, *f.* fly
motivo, *m.* reason
motora, motor (*adj.*)
movimiento, *m.* movement
muchísimo, very much
mucho, -a, much
muebles, *m.* furniture
mueren, die
mueven, move
mujer, *f.* woman
mula, *f.* mule
mundo, *m.* world
municiones, *f.* ammunitions
muñeca, *f.* doll, wrist
murió, died
museo, *m.* museum
música, *f.* music
muy, very

N

nación, *f.* nation
nadan, swim
nadar, to swim
nadie, no one
naranja, *f.* orange
nariz, *f.* nose
nativo, -a, native
navegación, *f.* navigation
necesario, -a, necessary
necesidad, *f.* necessity
necesita, need, needs
negro, -a, black
nena, *f.* baby girl
nene, *m.* baby boy
nevando, snowing
ni, neither, nor
nido, *m.* nest

nietos, *m.* grandchildren
nieve, *f.* snow
ningún, no
ninguno, -a, no one
noche, *f.* night
nocturno, -a, nocturnal
nombre, *m.* name
norte, *m.* north
nosotros, we
noticias, *f.* news
noto, I notice
noviembre, *m.* November
nuestro, -a, our
nueve, nine
nuevo, -a, new
número, *m.* number
nunca, never
nutritivo, -a, nutritious

O

o, or
obedeciendo, obeying
obesidad, *f.* obesity
obeso, -a, obese, fat
objeto, *m.* object
obrero, *m.* workman
obsequiar, to give
observo, I observe
ocasión, *f.* occasion
ocho, eight
octubre, *m.* October
ocupan, occupy
oeste, *m.* west
oficina, *f.* office
oficio, *m.* trade
ofrece, offers
oído, *m.* ear

oiga, listen
oigo, I hear
oír, to hear
ojo, *m.* eye
oliva, *f.* olive
olla, *f.* pot
onda, *f.* wave
onza, *f.* ounce
orden, *m.* order
oreja, *f.* ear
órgano, *m.* organ
oriente, *m.* east
oro, *m.* gold
orquesta, *f.* orchestra
orquídea, *f.* orchid
otoño, *m.* autumn, fall
otro, -a, other, another
oye, hear, hears
oyó, heard

P

paciencia, *f.* patience
paciente, *m.* patient
padre, *m.* father
padres, *m.* parents
paga, pays
pagar, to pay
país, *m.* country
pájaro, *m.* bird
palabra, *f.* word
pan, *m.* bread
panadería, *f.* bakery
panadero, *m.* baker
pantalones, *m.* trousers
pañuelo, *m.* handkerchief
papa, *f.* potato
papá, *m.* papa

papel, *m.* paper
paquete, *m.* package
par, *m.* pair
para, for, in order to
paraguas, *m.* umbrella
paraje, *m.* place
paralelo, parallel
pared, *f.* wall
pariente, *m.* relative
parrilla, *f.* grill
parte, *f.* part
particular, private
pasado, -a, past
pasajero, -a, passing
pasajero, *m.* traveler
pasar, to pass, happen
paso, *m.* step
pasta, *f.* paste, toothpaste
pastelitos, *m.* little cakes
patas, *f.* animal's feet
pato, *m.* duck
patria, *f.* fatherland
payaso, *m.* clown
paz, *f.* peace
peces, *m.* fish
peinar, to comb
peine, *m.* comb
película, *f.* film
peligro, *m.* danger
pelo, *m.* hair
pensamiento, *m.* thought
pensar, to think
pequeño, -a, small
pera, *f.* pear
percibe, perceive, perceives
periódico, *m.* newspaper
perla, *f.* pearl

permiso, *m.* permission
pero, but
perro, *m.* dog
persona, *f.* person
pescado, *m.* fish
pescar, to fish
pestífero, pestiferous
pez, *m.* fish
piadoso, -a, pious
piano, *m.* piano
picar, to peck
pico, *m.* bill (bird's)
picotazo, *m.* peck
pie, *m.* foot
piedra, *f.* stone
pienso, I think
pierna, *f.* leg
piezas, *f.* pieces, parts
píldora, *f.* pill
pimienta, *f.* pepper
pintor, *m.* painter
pintura, *f.* paint, painting
piña, *f.* pineapple
pipa, *f.* pipe
piso, *m.* floor
plancha, *f.* iron
planeta, *m.* planet
plano, *m.* plan (architecture)
planta, *f.* plant
plata, *f.* silver
plátano, *m.* banana
platito, *m.* little plate, saucer
plato, *m.* plate
pluma, *f.* pen, feather
pobre, poor
poco, -a, a little (bit)
poder, to be able

podía, could
poema, m. poem
policía, m. policeman
política, f. politics
pollito, m. chick
pollo, m. chicken
pondrá, will put or will lay
pone, put, puts, lay, lays
poner, to put, put on, to lay
pongo, I put; me pongo, I put on
poniente, m. west
por, for, through, by
porcelana, f. porcelain
porcentaje, m. percentage
porque, because
por qué, why?
portón, m. gate
posible, possible
postre, m. desert
potrero, m. pasture
pradera, f. meadow
precio, m. price
preciso, precise, necessary
prefiere, prefer, prefers
prefiero, I prefer
preparar, to prepare
presidente, m. president
pretérito, m. preterite (past definite)
primavera, f. spring
primer, first
primero, -a, first
primo, -a, cousin
prisa, f. hurry, promptitude
prisión, f. prison
prisionero, -a, prisoner

producir, to produce
produjo, produced
profesión, f. profession
profesor, -a, teacher, professor
propiedad, f. property
propietario, m. proprietor
propina, f. tip
propósito, m. purpose
provisional, temporary
provocan, provoke, cause
proyectil, m. projectile
prueba, f. feat, trial
publicidad, f. publicity
pueblo, m. town, people
puede, can
puedo, I can
puerco, m. pork, pig
puerta, f. door
puerto, m. port
pulmones, m. lungs
pulmonía, f. pneumonia
pulsera, f. bracelet
punto, m. period, point; en punto, sharp
puntual, punctual
puro, -a, pure
puro, m. cigar

Q

que, that, than
qué, what?
queso, m. cheese
quiebro, I break
quien (es), who
quiere, wish, want, love
quince, fifteen

quinientos, five hundred
quinquillones, quintillions
quinto, -a, fifth

R

rábanos, *m.* radishes
rama, *f.* branch
rápidamente, rapidly
raso, soldado raso, buck
  private
rata, *f.* rat
rayo, *m.* ray
receta, *f.* prescription
recetar, to prescribe
recibe, receive, receives
recibir, to receive
recibo, I receive
recoger, to gather
recreación, *f.* recreation
recuerda, recall, remember
reflejaba, reflected
refresco, *m.* refreshment
regadera, *f.* shower
regocijo, *m.* joy
regresó, returned
reírse, to laugh
relación, *f.* relationship
religioso, -a, religious
reloj, *m.* watch, clock
remo, *m.* oar
reposo, *m.* rest, repose
representar, to represent
requetecorrecto, many times
  correct
resfriado, *m.* cold
residencia, *f.* residence
respira, breathe, breathes

respiración, *f.* breathing
respondió, answered
restaurant, *m.* restaurant
resuelta, resolved
Ricardo, Richard
rico, -a, rich
ridículo, -a, ridiculous
ríe, laugh, laughs
riel, *m.* rail
río; me río, I laugh
río, *m.* river
risa, *f.* laughter
rojo, -a, red
rollo, *m.* roll; rollos cortos,
  movie shorts
romántico, -a, romantic
ropa, *f.* clothing
rosa, *f.* rose
rubí, *m.* ruby
rubio, -a, blonde
rueda, *f.* wheel
rutina, *f.* routine

S

sábado, *m.* Saturday
sabe, know, knows
saber, to know
sabio, wise
sabroso, -a, delicious
sacando, taking out
saco, *m.* jacket, coat
sacudió, shook
sal, *f.* salt
sala, *f.* parlor, living-room
salada, salty, salted
sale, go out, goes out
salgan, go out *(imperative)*

salí, I went out
salida, *f.* rising
salir, to go out
saltar, to jump
salto, I jump
salud, *f.* health
saludo, *m.* greeting
sandía, *f.* watermelon
sangre, *f.* blood
sartén, *f.* frying pan
saturado, -a, saturated
sé, I know
secarse, to dry oneself
seco, -a, dry
seda, *f.* silk
según, according to
segundo, -a, second *(adj.)*
segundo, *m.* second (time)
seis, six
semana, *f.* week
sembrar, to plant
semejante, similar
semilla, *f.* seed
semisólido, -a, semi-solid
sentarse, to sit down
senté, me senté, I sat down
sentir, to feel
señor, *m.* gentleman, sir, Mr.
señora, *f.* madam, lady, Mrs.
señorita, *f.* young lady, Miss
separa, separate, separates
separar, to separate
septiembre, *m.* September
ser, to be
serenata, *f.* serenade
serio, -a, serious, grave
servicio, *m.* service

sesenta, sixty
setenta, seventy
sexto, sixth
si, if
sí, yes
siembra, plant, plants
  (verb)
siempre, always
sienta, se sienta, sit down,
  sits down
siento, me siento, I sit down
siete, seven
significa, means, signifies
significado, *m.* meaning
silla, *f.* chair
sillón, *m.* armchair
simpático, -a, charming
sin, without
sino, but
sinónimo, *m.* synonym
sirve, serves, is good for
sistema, *m.* system
sobre, over, on
sobre, *m.* envelope
sofá, *m.* sofa
sol, *m.* sun
soldado, *m.* soldier
sólido, -a, solid
solo, -a, alone
sólo, only
sombra, *f.* shade, shadow
sombrero, *m.* hat
sombrilla, *f.* parasol
son, are
sopa, *f.* soup
soplar, to blow
sorprender, to surprise

sorpresa, *f.* surprise
soy, I am
su, your, his, her
submarino, *m.* submarine
subteniente, *m.* second
   lieutenant
sucio, -a, dirty
sueldo, *m.* salary
sueño, *m.* slumber, dream
suficiente, enough
supe, I knew
superior, superior; **parte**
   superior, upper part
supo, knew
sus *(pl.),* your, his, her

T

tabaco, *m.* tobacco
tabaquería, *f.* tobacco shop
tamaño, *m.* size
también, also
tampoco, neither
tan, so
tanque, *m.* tank
tanto, -a, so much
tapete, *m.* rug, carpet
tapizar, to paper the wall
tarde, late
tarde, *f.* afternoon
taza, *f.* cup
té, *m.* tea
teatral, theatrical
teatro, *m.* theater
techo, *m.* roof
teléfono, *m.* telephone
telescopio, *m.* telescope
temperatura, *f.* temperature

temporal, temporary
tendida, extended
tenedor, *m.* fork
tenemos, we have
tener, to have
tengo, I have
teniente, *m.* lieutenant
tercer, third
tercero, -a, third
terminar, to finish
termómetro, *m.*
   thermometer
tetera, *f.* teapot
textiles, *m.* textiles
tía, *f.* aunt
tiempo, *m.* time, tense
tienda, *f.* store
tiende, hangs out
tiene, have, has
tierra, *f.* land, earth
tifoidea, *f.* typhoid
tina, *f.* tub
tinta, *f.* ink
tío, *m.* uncle
toalla, *f.* towel
tobillo, *m.* ankle
tocino, *m.* bacon
todo, -a, all
todos, -as, every
toma, take, takes
tomate, *m.* tomato
tomo, I take
tonelada, *f.* ton
tortuga, *f.* turtle
tostado, toasted
tostador, *m.* toaster
trabajar, to work

trae, bring, brings
tráfico, m. traffic
trago, m. swallow
traje, m. suit
transporte, m. transport,
  transportation
tranvía, m. streetcar
tras, after
tratamiento, m. treatment
través, across, through; a
  través, across
trece, thirteen
treinta, thirty
tren, m. train
trepadoras, climbing
tres, three
trigo, m. wheat
tronco, m. trunk
tutela, f. tutelage
tuve, I had
tuvimos, we had

U

último, -a, last;
  por último, finally
un, a, an (masc.)
una, a, an (fem.)
unas, some
une, unite, unites
unidad, f. unit
unión, f. union
uno, one
unos, some
urbano, urban
usa, uses
usar, to use
uso, m. use

usted, you
uvas, f. grapes

V

va, go, goes
vaca, f. cow
vale, cost, costs
valor, m. value
vamos, we go
van, go
vapor, m. ship
varias, several
vaso, m. glass
ve, see, sees
veces, f. times; dos veces, twice
vehículo, m. vehicle
veinte, twenty
veintiuno, twenty-one
vela, f. sail
ven, see
venda, f. bandage
venden, sell
vender, to sell
venta, f. sale
ventana, f. window
veo, I see
ver, to see
verano, m. summer
verde, green
verduras, f. vegetables
vestido, m. dress
vestirse, to dress oneself
vez, f. time; una vez, once
viajar, to travel
viajero, m. traveler
viejo, -a, old
viene, come, comes

viento, *m.* wind
viernes, *m.* Friday
vino, came
visita, *f.* visitor
visito, I visit
vista, *f.* sight, view
visto, me visto, I dress
vivaz, lively
vivir, to live
volvió, turned, returned
voy, I go
voz, *f.* voice
vuelta, *f.* turn, return

Y

y, and
ya, now, already
yarda, *f.* yard
yema, *f.* yolk
yerba, *f.* herb, grass
yo, I

Z

zacate, *m.* grass
zanahoria, *f.* carrot
zapatería, *f.* shoe shop
zapato, *m.* shoe
zoológico, -a, zoological

A NOTE ABOUT THE AUTHORS

Kansas City plus Costa Rica equals Margarita Madrigal. She was born in Alajuela, Costa Rica. Her father, co-author of this book, was a Costa Rican, while her mother comes from Kansas City. So when Srta. Madrigal speaks of better relations between the Americas, she can speak with equal authority for North or South.

She is firm in her belief that the greenest beginners should start talking as soon as they start learning—and with confidence. She has taught, among many others, New York Federal District Attorney Mathias Correa, H. V. Kaltenborn, Alice Marble, Ben Grauer, Inez Robb. Groups of fliers, newspaper people, scientists, and radio people have also been successfully taught by Miss Madrigal.

Yo voy a caminar